This Book Belongs to:

Daniel

FOR A LITTLE INSPIRATION
follow along at:

@JUNEANDLUCY

@JUNEANDLUCY

WWW.JUNELUCY.COM

Love free goodies? Join our newsletter by emailing us at **freebies@junelucy.com** to receive freebies, discounts and sales info. Let us know which book you bought by putting the book title in the subject line of your email.

Shop our other books at
www.junelucy.com

For questions and customer service, email us at
support@junelucy.com

INTRODUCTION

Early math skills mastered at a young age provide a foundation for children from their formative years through adulthood. An early understanding of numbers and math sets kids up for greater success in future schooling. Not to mention, math appears to us everywhere – from patterns we see in nature to the change returned from a dollar bill.

With this book, we hope to provide hours of math drills that help kids become proficient in math fluency and retention at an appropriate skill level. When students sit down to practice timed math drills, they are honing their speed and problem solving, skills that they will take with them in the years ahead.

TIPS FOR THIS BOOK:

- The tests start out at a basic level and increase in difficulty. Your student may choose to complete them in the order provided or hop around to test various skills.
- Each test has a handy label indicating the skills tested on that page.
- Many of the problems can be easily solved in the space provided, however as the problems increase in difficulty, kids may need additional room. Keep some scratch paper handy to allow your student all the necessary space to solve the problems.
- Set up a stopwatch or phone timer at the child's workspace to allow them to time their tests OR allow the student to complete them at their leisure.
- Answers to the tests are in the back of the book, allowing you or your child to double check their work.

1 ADDITION DIGITS UP TO 10

NAME: DATE: TIME: SCORE: /42

6 + 9 = ___ (1)	0 + 3 = ___ (2)	9 + 0 = ___ (3)	3 + 1 = ___ (4)	3 + 6 = ___ (5)	5 + 1 = ___ (6)
6 + 7 = ___ (7)	5 + 5 = ___ (8)	8 + 4 = ___ (9)	1 + 4 = ___ (10)	2 + 3 = ___ (11)	3 + 0 = ___ (12)
3 + 2 = ___ (13)	8 + 1 = ___ (14)	9 + 3 = ___ (15)	6 + 3 = ___ (16)	8 + 2 = ___ (17)	7 + 5 = ___ (18)
8 + 6 = ___ (19)	9 + 2 = ___ (20)	1 + 1 = ___ (21)	2 + 1 = ___ (22)	7 + 4 = ___ (23)	2 + 8 = ___ (24)
7 + 8 = ___ (25)	1 + 9 = ___ (26)	9 + 1 = ___ (27)	5 + 8 = ___ (28)	3 + 7 = ___ (29)	3 + 3 = ___ (30)
1 + 3 = ___ (31)	5 + 0 = ___ (32)	7 + 1 = ___ (33)	0 + 6 = ___ (34)	6 + 8 = ___ (35)	3 + 4 = ___ (36)
1 + 8 = ___ (37)	4 + 5 = ___ (38)	6 + 2 = ___ (39)	2 + 4 = ___ (40)	7 + 3 = ___ (41)	4 + 4 = ___ (42)

ADDITION DIGITS UP TO 10

2

NAME: Claire	DATE:	TIME:	SCORE: /42

1. 8 + 1 = 9	2. 6 + 6 = 12	3. 6 + 5 = 11	4. 1 + 5 = 6	5. 6 + 4 = 10	6. 1 + 4 = 5
7. 6 + 7 = 12	8. 0 + 5 = 5	9. 4 + 8 = 12	10. 9 + 3 = 12	11. 9 + 5 = 14	12. 6 + 3 = 9
13. 2 + 9 = 11	14. 5 + 3 = 8	15. 6 + 8 = 14	16. 4 + 5 = 9	17. 4 + 6 = 10	18. 3 + 4 = 7
19. 8 + 2 = 10	20. 7 + 6 = 15 (13)	21. 0 + 1 = 1	22. 2 + 4 = 6	23. 5 + 0 = 5	24. 9 + 9 = 18
25. 5 + 8 = 13	26. 6 + 9 = 15	27. 9 + 4 = 13	28. 2 + 7 = 9	29. 5 + 2 = 7	30. 0 + 3 = 3
31. 7 + 1 = 8	32. 2 + 3 = 5	33. 4 + 3 = 7	34. 7 + 7 = 14	35. 4 + 9 = 13	36. 8 + 5 = 13
37. 2 + 5 = 7	38. 9 + 7 = 16	39. 3 + 1 = 4	40. 7 + 3 = 10	41. 8 + 0 = 8	42. 3 + 7 = 10

3 ADDITION DIGITS UP TO 10

NAME: DATE: TIME: SCORE: /42

1. 7 + 7 = 14	2. 2 + 7 = 9	3. 0 + 2 = 2	4. 4 + 1 = 5	5. 6 + 4 = 10	6. 7 + 2 = 9
7. 6 + 9 = 15	8. 3 + 9 = 12	9. 0 + 6 = 6	10. 1 + 3 = 4	11. 4 + 7 = 11	12. 3 + 0 = 3
13. 6 + 8 = 14	14. 8 + 6 = 14	15. 0 + 0 = 8	16. 7 + 0 = 7	17. 2 + 6 = 8	18. 1 + 0 = 1
19. 6 + 5 = 11	20. 5 + 2 = 7	21. 1 + 8 = 9	22. 0 + 8 = 8	23. 6 + 2 = 8	24. 2 + 9 = 11
25. 2 + 3 = 5	26. 8 + 9 = 17	27. 2 + 0 = 2	28. 0 + 7 = 7	29. 2 + 2 = 4	30. 4 + 4 = 8
31. 8 + 1 = 9	32. 3 + 4 = 7	33. 7 + 3 = 10	34. 1 + 6 = 7	35. 5 + 1 = 6	36. 6 + 7 = 13
37. 1 + 9 = 10	38. 4 + 2 = 6	39. 1 + 4 = 5	40. 3 + 3 = 6	41. 9 + 5 = 14	42. 8 + 7 = 15

ADDITION DIGITS UP TO 10

NAME: DATE: TIME: SCORE: /42

3 + 3 = 6 (1)	0 + 6 = 6 (2)	9 + 2 = 11 (3)	1 + 3 = 4 (4)	7 + 3 = 10 (5)	2 + 5 = 7 (6)
2 + 4 = 6 (7)	3 + 6 = 9 (8)	7 + 1 = 8 (9)	1 + 5 = 6 (10)	5 + 7 = 12 (11)	5 + 0 = 5 (12)
8 + 7 = 15 (13)	4 + 4 = 8 (14)	9 + 9 = 18 (15)	8 + 1 = 9 (16)	6 + 8 = 14 (17)	3 + 4 = 7 (18)
8 + 4 = 12 (19)	2 + 9 = 11 (20)	0 + 3 = 3 (21)	7 + 8 = 15 (22)	2 + 3 = 5 (23)	9 + 8 = 17 (24)
4 + 0 = 4 (25)	0 + 2 = 2 (26)	9 + 6 = 15 (27)	4 + 5 = 9 (28)	7 + 5 = 12 (29)	6 + 3 = 9 (30)
5 + 6 = 11 (31)	0 + 7 = 7 (32)	4 + 2 = 6 (33)	7 + 2 = 9 (34)	4 + 9 = 13 (35)	2 + 8 = 10 (36)
4 + 7 = 11 (37)	6 + 9 = 15 (38)	3 + 2 = 5 (39)	8 + 2 = 10 (40)	7 + 9 = 16 (41)	4 + 8 = 12 (42)

5 ADDITION DIGITS UP TO 10

NAME:	DATE:	TIME:	SCORE: /42

5 + 1 (1)	4 + 4 (2)	7 + 5 (3)	6 + 9 (4)	5 + 9 (5)	1 + 7 (6)
3 + 9 (7)	2 + 9 (8)	4 + 6 (9)	6 + 5 (10)	5 + 2 (11)	4 + 1 (12)
7 + 9 (13)	1 + 6 (14)	9 + 3 (15)	9 + 5 (16)	7 + 8 (17)	9 + 1 (18)
3 + 0 (19)	4 + 7 (20)	7 + 6 (21)	1 + 8 (22)	0 + 4 (23)	2 + 2 (24)
3 + 3 (25)	4 + 8 (26)	2 + 8 (27)	1 + 5 (28)	3 + 1 (29)	7 + 1 (30)
6 + 2 (31)	4 + 3 (32)	7 + 7 (33)	9 + 4 (34)	1 + 4 (35)	3 + 7 (36)
0 + 5 (37)	2 + 3 (38)	6 + 1 (39)	9 + 6 (40)	5 + 8 (41)	4 + 9 (42)

ADDITION DIGITS UP TO 10

6

NAME:	DATE:	TIME:	SCORE: /42

5 + 7 (1)	2 + 7 (2)	1 + 7 (3)	5 + 2 (4)	1 + 1 (5)	3 + 8 (6)
7 + 7 (7)	6 + 3 (8)	5 + 5 (9)	1 + 5 (10)	0 + 8 (11)	6 + 0 (12)
6 + 2 (13)	9 + 5 (14)	2 + 5 (15)	0 + 6 (16)	8 + 2 (17)	8 + 7 (18)
3 + 2 (19)	7 + 9 (20)	3 + 1 (21)	3 + 4 (22)	7 + 5 (23)	3 + 5 (24)
9 + 1 (25)	0 + 4 (26)	0 + 7 (27)	5 + 4 (28)	5 + 6 (29)	3 + 0 (30)
8 + 5 (31)	3 + 3 (32)	2 + 3 (33)	7 + 2 (34)	6 + 6 (35)	9 + 2 (36)
6 + 4 (37)	2 + 1 (38)	9 + 7 (39)	1 + 8 (40)	7 + 6 (41)	0 + 3 (42)

7 ADDITION DIGITS UP TO 10

NAME: DATE: TIME: SCORE: /42

6 + 0 (1)	5 + 3 (2)	5 + 5 (3)	5 + 2 (4)	3 + 3 (5)	9 + 3 (6)
5 + 8 (7)	4 + 9 (8)	9 + 4 (9)	4 + 4 (10)	9 + 8 (11)	3 + 7 (12)
8 + 3 (13)	7 + 7 (14)	8 + 4 (15)	7 + 1 (16)	4 + 0 (17)	6 + 2 (18)
2 + 9 (19)	3 + 2 (20)	0 + 5 (21)	7 + 3 (22)	2 + 3 (23)	4 + 3 (24)
2 + 4 (25)	8 + 0 (26)	3 + 8 (27)	3 + 1 (28)	8 + 1 (29)	9 + 7 (30)
6 + 5 (31)	1 + 4 (32)	4 + 6 (33)	5 + 1 (34)	9 + 2 (35)	7 + 6 (36)
0 + 1 (37)	9 + 9 (38)	6 + 4 (39)	4 + 8 (40)	5 + 0 (41)	9 + 1 (42)

ADDITION DIGITS UP TO 10

8

NAME: DATE: TIME: SCORE: /42

3 + 3 1	9 + 5 2	7 + 1 3	0 + 6 4	1 + 4 5	9 + 3 6
8 + 7 7	7 + 8 8	3 + 7 9	5 + 3 10	4 + 2 11	0 + 3 12
1 + 9 13	7 + 2 14	3 + 4 15	8 + 1 16	9 + 1 17	2 + 3 18
1 + 6 19	9 + 7 20	8 + 3 21	6 + 1 22	5 + 6 23	5 + 1 24
3 + 5 25	5 + 5 26	7 + 0 27	2 + 7 28	4 + 5 29	3 + 6 30
4 + 7 31	3 + 0 32	6 + 8 33	5 + 2 34	1 + 8 35	2 + 9 36
6 + 5 37	0 + 8 38	5 + 7 39	2 + 6 40	4 + 1 41	3 + 9 42

9

ADDITION DIGITS UP TO 10

NAME: DATE: TIME: SCORE: /42

3 + 0 1	3 + 9 2	1 + 8 3	2 + 0 4	2 + 9 5	5 + 8 6
6 + 5 7	9 + 1 8	3 + 8 9	8 + 6 10	5 + 1 11	7 + 5 12
4 + 7 13	1 + 0 14	4 + 2 15	0 + 8 16	6 + 3 17	8 + 3 18
7 + 4 19	9 + 5 20	1 + 4 21	6 + 7 22	7 + 9 23	2 + 3 24
1 + 1 25	5 + 3 26	1 + 3 27	0 + 1 28	0 + 2 29	3 + 3 30
4 + 4 31	8 + 1 32	3 + 7 33	0 + 9 34	2 + 4 35	7 + 3 36
2 + 5 37	6 + 8 38	0 + 3 39	8 + 7 40	7 + 1 41	2 + 6 42

ADDITION DIGITS UP TO 10

10

NAME: DATE: TIME: SCORE: /42

9 + 7 1	6 + 1 2	2 + 8 3	6 + 4 4	4 + 9 5	4 + 5 6
4 + 7 7	3 + 3 8	2 + 9 9	7 + 3 10	3 + 8 11	5 + 8 12
4 + 2 13	6 + 9 14	7 + 7 15	3 + 0 16	9 + 6 17	9 + 3 18
4 + 0 19	0 + 7 20	5 + 5 21	8 + 6 22	4 + 7 23	5 + 6 24
6 + 2 25	6 + 3 26	3 + 5 27	2 + 0 28	1 + 4 29	5 + 0 30
9 + 4 31	7 + 6 32	5 + 9 33	1 + 7 34	4 + 4 35	8 + 1 36
0 + 4 37	4 + 3 38	3 + 9 39	5 + 2 40	7 + 5 41	1 + 6 42

11 ADDITION DIGITS UP TO 20

NAME: DATE: TIME: SCORE: /42

19 + 6 (1)	8 + 5 (2)	2 + 0 (3)	5 + 1 (4)	17 + 6 (5)	5 + 7 (6)
15 + 8 (7)	4 + 1 (8)	0 + 4 (9)	16 + 7 (10)	18 + 8 (11)	6 + 9 (12)
1 + 0 (13)	15 + 0 (14)	7 + 5 (15)	19 + 8 (16)	10 + 3 (17)	11 + 2 (18)
9 + 5 (19)	18 + 2 (20)	14 + 3 (21)	1 + 4 (22)	0 + 9 (23)	8 + 2 (24)
16 + 3 (25)	14 + 6 (26)	11 + 1 (27)	20 + 7 (28)	13 + 9 (29)	7 + 4 (30)
17 + 4 (31)	5 + 8 (32)	16 + 2 (33)	12 + 8 (34)	19 + 9 (35)	18 + 1 (36)
14 + 7 (37)	15 + 1 (38)	4 + 6 (39)	10 + 2 (40)	20 + 6 (41)	8 + 7 (42)

ADDITION DIGITS UP TO 20

12

NAME: DATE: TIME: SCORE: /42

12 + 0 1	19 + 4 2	2 + 7 3	4 + 6 4	5 + 8 5	17 + 1 6
16 + 1 7	9 + 8 8	6 + 2 9	15 + 9 10	2 + 3 11	7 + 5 12
7 + 0 13	18 + 3 14	11 + 9 15	10 + 5 16	15 + 8 17	20 + 7 18
5 + 6 19	13 + 9 20	20 + 1 21	12 + 7 22	14 + 4 23	12 + 3 24
17 + 2 25	4 + 2 26	3 + 0 27	13 + 6 28	16 + 3 29	8 + 5 30
10 + 8 31	15 + 2 32	12 + 2 33	4 + 3 34	18 + 1 35	15 + 7 36
16 + 5 37	9 + 5 38	17 + 9 39	13 + 1 40	19 + 6 41	5 + 7 42

13 ADDITION DIGITS UP TO 20

NAME: DATE: TIME: SCORE: /42

5 + 7 1	15 + 6 2	14 + 1 3	8 + 2 4	15 + 2 5	13 + 6 6
10 + 3 7	12 + 6 8	7 + 4 9	6 + 0 10	14 + 7 11	18 + 9 12
4 + 8 13	5 + 8 14	6 + 2 15	4 + 6 16	3 + 3 17	11 + 0 18
19 + 5 19	0 + 5 20	8 + 3 21	14 + 5 22	2 + 4 23	17 + 9 24
20 + 4 25	3 + 1 26	13 + 9 27	9 + 2 28	20 + 7 29	2 + 1 30
7 + 7 31	18 + 4 32	12 + 2 33	7 + 9 34	9 + 9 35	20 + 0 36
4 + 3 37	8 + 4 38	11 + 2 39	0 + 7 40	0 + 1 41	16 + 7 42

ADDITION DIGITS UP TO 20

14

NAME:	DATE:	TIME:	SCORE: /42

0 + 0 (1)	3 + 2 (2)	12 + 2 (3)	14 + 5 (4)	6 + 7 (5)	15 + 9 (6)
20 + 7 (7)	7 + 0 (8)	2 + 6 (9)	16 + 5 (10)	4 + 8 (11)	9 + 4 (12)
18 + 3 (13)	3 + 3 (14)	19 + 8 (15)	1 + 6 (16)	14 + 4 (17)	13 + 3 (18)
4 + 7 (19)	1 + 8 (20)	11 + 0 (21)	17 + 1 (22)	9 + 6 (23)	10 + 1 (24)
20 + 2 (25)	2 + 9 (26)	13 + 1 (27)	5 + 5 (28)	15 + 6 (29)	5 + 6 (30)
12 + 1 (31)	6 + 3 (32)	20 + 0 (33)	17 + 6 (34)	10 + 8 (35)	5 + 4 (36)
4 + 0 (37)	10 + 2 (38)	1 + 4 (39)	0 + 8 (40)	7 + 5 (41)	2 + 8 (42)

15

ADDITION DIGITS UP TO 20

NAME: DATE: TIME: SCORE: /42

11 + 4 (1)	15 + 7 (2)	6 + 0 (3)	1 + 3 (4)	14 + 8 (5)	4 + 1 (6)
2 + 6 (7)	10 + 9 (8)	7 + 1 (9)	18 + 4 (10)	8 + 2 (11)	8 + 7 (12)
2 + 5 (13)	6 + 4 (14)	9 + 5 (15)	11 + 1 (16)	17 + 3 (17)	20 + 9 (18)
3 + 7 (19)	18 + 8 (20)	0 + 6 (21)	13 + 3 (22)	1 + 2 (23)	4 + 5 (24)
19 + 8 (25)	5 + 2 (26)	13 + 8 (27)	12 + 9 (28)	0 + 0 (29)	16 + 6 (30)
8 + 5 (31)	14 + 7 (32)	13 + 4 (33)	3 + 5 (34)	2 + 3 (35)	7 + 2 (36)
10 + 0 (37)	17 + 8 (38)	7 + 6 (39)	20 + 2 (40)	16 + 7 (41)	12 + 1 (42)

ADDITION DIGITS UP TO 20

NAME:	DATE:	TIME:	SCORE: /42

1 + 5 1	3 + 4 2	6 + 4 3	4 + 6 4	7 + 3 5	15 + 1 6
18 + 8 7	17 + 0 8	6 + 7 9	12 + 8 10	7 + 0 11	8 + 6 12
10 + 6 13	20 + 9 14	17 + 3 15	20 + 7 16	11 + 9 17	12 + 1 18
10 + 2 19	0 + 3 20	19 + 9 21	5 + 8 22	16 + 2 23	13 + 5 24
18 + 1 25	8 + 2 26	0 + 7 27	14 + 7 28	9 + 0 29	2 + 5 30
15 + 8 31	4 + 1 32	0 + 4 33	16 + 7 34	18 + 3 35	6 + 9 36
16 + 3 37	14 + 6 38	11 + 1 39	20 + 2 40	13 + 9 41	7 + 4 42

17

ADDITION DIGITS UP TO 20

NAME: DATE: TIME: SCORE: /42

4 + 2 1	0 + 3 2	6 + 4 3	13 + 9 4	2 + 0 5	8 + 2 6
9 + 8 7	20 + 8 8	6 + 5 9	7 + 4 10	18 + 7 11	3 + 6 12
8 + 9 13	10 + 5 14	15 + 8 15	12 + 2 16	4 + 3 17	18 + 1 18
14 + 4 19	15 + 7 20	14 + 0 21	17 + 6 22	12 + 0 23	19 + 1 24
5 + 7 25	16 + 3 26	9 + 5 27	17 + 9 28	13 + 1 29	19 + 6 30
16 + 1 31	9 + 4 32	6 + 2 33	15 + 9 34	2 + 3 35	7 + 5 36
17 + 2 37	4 + 8 38	3 + 0 39	13 + 6 40	16 + 7 41	8 + 5 42

ADDITION DIGITS UP TO 20

NAME: DATE: TIME: SCORE: /42

6 + 8 (1)	3 + 6 (2)	1 + 5 (3)	19 + 2 (4)	16 + 8 (5)	15 + 1 (6)
8 + 1 (7)	10 + 6 (8)	5 + 6 (9)	5 + 5 (10)	13 + 9 (11)	3 + 5 (12)
7 + 7 (13)	18 + 4 (14)	12 + 2 (15)	7 + 9 (16)	9 + 9 (17)	20 + 0 (18)
13 + 8 (19)	14 + 4 (20)	2 + 3 (21)	6 + 3 (22)	12 + 0 (23)	4 + 0 (24)
4 + 3 (25)	8 + 4 (26)	11 + 2 (27)	0 + 7 (28)	0 + 1 (29)	16 + 7 (30)
10 + 3 (31)	12 + 6 (32)	7 + 4 (33)	6 + 0 (34)	14 + 7 (35)	18 + 9 (36)
20 + 4 (37)	3 + 1 (38)	13 + 6 (39)	9 + 2 (40)	20 + 7 (41)	2 + 1 (42)

19 ADDITION DIGITS UP TO 20

NAME:	DATE:	TIME:	SCORE: /42

13 + 3 1	16 + 7 2	2 + 7 3	3 + 4 4	19 + 7 5	9 + 1 6
16 + 1 7	13 + 9 8	15 + 8 9	1 + 3 10	11 + 5 11	11 + 0 12
12 + 1 13	6 + 3 14	20 + 0 15	17 + 6 16	10 + 8 17	5 + 4 18
4 + 0 19	10 + 2 20	1 + 4 21	0 + 8 22	7 + 5 23	2 + 6 24
14 + 2 25	5 + 9 26	4 + 6 27	8 + 9 28	9 + 5 29	14 + 6 30
18 + 3 31	3 + 3 32	19 + 8 33	1 + 6 34	14 + 4 35	13 + 5 36
4 + 7 37	1 + 8 38	11 + 2 39	17 + 1 40	9 + 4 41	10 + 1 42

ADDITION DIGITS UP TO 20

20

NAME:	DATE:	TIME:	SCORE: /42

10 + 0 1	17 + 8 2	7 + 6 3	20 + 2 4	16 + 7 5	12 + 1 6
12 + 4 7	8 + 3 8	6 + 9 9	20 + 8 10	18 + 9 11	1 + 9 12
9 + 3 13	14 + 5 14	16 + 6 15	19 + 1 16	3 + 1 17	13 + 4 18
8 + 5 19	14 + 7 20	13 + 8 21	3 + 5 22	2 + 3 23	7 + 2 24
5 + 0 25	6 + 2 26	15 + 0 27	9 + 6 28	10 + 4 29	11 + 7 30
11 + 4 31	15 + 7 32	6 + 0 33	1 + 3 34	14 + 8 35	4 + 1 36
2 + 6 37	10 + 9 38	7 + 1 39	18 + 4 40	8 + 2 41	8 + 7 42

21 ADDITION DIGITS UP TO 20

NAME: DATE: TIME: SCORE: /42

16 + 1 1	14 + 9 2	14 +18 3	20 + 4 4	10 + 5 5	11 + 2 6
17 + 6 7	20 + 0 8	12 + 3 9	18 + 7 10	16 +13 11	8 + 0 12
5 + 1 13	10 + 2 14	19 + 7 15	17 +15 16	13 +15 17	14 + 9 18
4 + 2 19	16 + 8 20	0 + 4 21	5 + 9 22	11 +12 23	18 +13 24
15 + 9 25	6 + 4 26	17 + 3 27	18 + 2 28	11 + 6 29	0 + 8 30
17 +17 31	2 + 4 32	15 + 4 33	1 + 9 34	5 + 2 35	20 +12 36
15 + 7 37	13 +19 38	17 + 8 39	15 + 6 40	9 + 0 41	20 + 6 42

ADDITION DIGITS UP TO 20

NAME: DATE: TIME: SCORE: /42

15 + 5 (1)	10 + 4 (2)	11 + 11 (3)	15 + 8 (4)	10 + 5 (5)	12 + 3 (6)
12 + 5 (7)	10 + 10 (8)	14 + 13 (9)	7 + 3 (10)	20 + 9 (11)	12 + 10 (12)
18 + 1 (13)	18 + 0 (14)	12 + 12 (15)	19 + 1 (16)	13 + 8 (17)	17 + 17 (18)
18 + 2 (19)	16 + 7 (20)	15 + 7 (21)	13 + 16 (22)	17 + 2 (23)	11 + 1 (24)
16 + 16 (25)	7 + 6 (26)	17 + 4 (27)	11 + 14 (28)	15 + 3 (29)	15 + 14 (30)
3 + 9 (31)	18 + 5 (32)	14 + 12 (33)	7 + 0 (34)	18 + 8 (35)	20 + 10 (36)
11 + 5 (37)	6 + 3 (38)	15 + 6 (39)	14 + 19 (40)	4 + 3 (41)	16 + 6 (42)

23 ADDITION DIGITS UP TO 20

NAME: DATE: TIME: SCORE: /42

13 + 0 1	11 + 8 2	17 + 7 3	15 +12 4	8 + 3 5	18 + 4 6
16 +18 7	18 + 2 8	1 + 5 9	17 + 1 10	16 + 1 11	1 + 4 12
14 + 9 13	18 + 6 14	15 + 5 15	12 +15 16	16 +19 17	11 + 7 18
3 + 9 19	14 + 4 20	3 + 8 21	19 +16 22	10 +19 23	3 + 5 24
7 + 0 25	20 + 9 26	11 + 6 27	15 +11 28	20 + 0 29	19 + 7 30
15 + 6 31	12 +20 32	14 +18 33	20 +16 34	4 + 0 35	5 + 3 36
12 +17 37	13 +18 38	14 + 1 39	17 + 8 40	19 +10 41	13 +12 42

ADDITION DIGITS UP TO 20

24

NAME:	DATE:	TIME:	SCORE: /42

1 + 6 (1)	5 + 5 (2)	17 +12 (3)	14 +14 (4)	6 + 3 (5)	10 + 3 (6)
11 + 7 (7)	18 + 7 (8)	3 + 4 (9)	13 + 6 (10)	19 + 3 (11)	11 +16 (12)
13 + 8 (13)	13 + 1 (14)	17 + 6 (15)	11 + 5 (16)	16 + 0 (17)	13 + 9 (18)
20 +18 (19)	16 +10 (20)	3 + 8 (21)	7 + 9 (22)	19 + 9 (23)	4 + 4 (24)
4 + 2 (25)	12 + 9 (26)	18 + 1 (27)	0 + 0 (28)	12 +10 (29)	18 +18 (30)
12 + 3 (31)	15 + 0 (32)	14 + 1 (33)	2 + 1 (34)	13 +15 (35)	10 +19 (36)
13 + 2 (37)	1 + 9 (38)	20 + 1 (39)	14 +10 (40)	19 +11 (41)	16 + 8 (42)

25

ADDITION DIGITS UP TO 20

NAME: DATE: TIME: SCORE: /42

6 + 5 1	19 +15 2	13 + 7 3	19 +10 4	14 + 3 5	13 + 0 6
8 + 0 7	7 + 5 8	2 + 1 9	17 + 3 10	8 + 9 11	15 +14 12
18 + 5 13	17 + 0 14	10 + 1 15	12 +12 16	18 + 6 17	20 + 9 18
14 + 8 19	0 + 3 20	18 + 1 21	18 +11 22	11 + 4 23	19 +14 24
13 + 6 25	0 + 2 26	11 + 2 27	9 + 8 28	17 + 7 29	18 + 1 30
11 + 6 31	13 + 0 32	18 + 7 33	15 + 8 34	20 +13 35	5 + 2 36
2 + 5 37	9 + 6 38	10 + 3 39	12 + 2 40	12 + 6 41	3 + 5 42

ADDITION DIGITS UP TO 20

NAME: DATE: TIME: SCORE: /42

19 + 9 (1)	13 + 8 (2)	10 + 2 (3)	12 + 16 (4)	19 + 4 (5)	12 + 0 (6)
16 + 18 (7)	11 + 17 (8)	20 + 2 (9)	5 + 1 (10)	6 + 4 (11)	17 + 15 (12)
15 + 1 (13)	14 + 11 (14)	7 + 3 (15)	12 + 9 (16)	19 + 12 (17)	16 + 2 (18)
1 + 5 (19)	17 + 3 (20)	19 + 14 (21)	15 + 0 (22)	13 + 7 (23)	7 + 8 (24)
10 + 4 (25)	18 + 5 (26)	16 + 9 (27)	18 + 10 (28)	10 + 3 (29)	18 + 3 (30)
14 + 2 (31)	19 + 3 (32)	10 + 1 (33)	16 + 2 (34)	14 + 17 (35)	12 + 13 (36)
9 + 7 (37)	0 + 9 (38)	7 + 5 (39)	17 + 8 (40)	19 + 9 (41)	15 + 12 (42)

27

ADDITION DIGITS UP TO 20

NAME: DATE: TIME: SCORE: /42

20 +17 1	13 + 8 2	13 +16 3	16 + 7 4	16 +20 5	14 +12 6
18 + 0 7	18 + 8 8	17 +19 9	15 + 1 10	14 + 6 11	19 + 1 12
12 + 7 13	3 + 8 14	14 +10 15	11 + 1 16	15 + 0 17	12 + 5 18
5 + 7 19	2 + 2 20	19 + 9 21	11 + 0 22	10 +20 23	11 + 3 24
18 + 6 25	20 + 3 26	18 + 2 27	17 + 0 28	9 + 1 29	17 +11 30
10 + 1 31	11 +15 32	15 +16 33	20 +16 34	1 + 8 35	17 + 4 36
10 + 1 37	5 + 9 38	14 +17 39	10 + 7 40	20 + 8 41	18 + 5 42

ADDITION DIGITS UP TO 20

28

NAME: DATE: TIME: SCORE: /42

7 + 4 [1]	19 + 9 [2]	13 + 5 [3]	15 +13 [4]	20 + 6 [5]	11 + 4 [6]
20 +16 [7]	10 +12 [8]	14 + 8 [9]	17 + 6 [10]	17 + 1 [11]	2 + 1 [12]
16 + 1 [13]	14 +11 [14]	18 + 3 [15]	12 + 2 [16]	5 + 1 [17]	18 +17 [18]
17 +14 [19]	15 + 6 [20]	18 + 0 [21]	11 + 9 [22]	7 + 8 [23]	20 + 7 [24]
12 + 6 [25]	13 + 0 [26]	11 + 8 [27]	10 + 5 [28]	6 + 9 [29]	9 + 0 [30]
15 + 9 [31]	16 +16 [32]	5 + 6 [33]	19 + 7 [34]	12 + 0 [35]	13 +18 [36]
14 + 2 [37]	11 + 5 [38]	13 +10 [39]	11 + 4 [40]	17 + 8 [41]	18 +19 [42]

29 ADDITION DIGITS UP TO 20

NAME: DATE: TIME: SCORE: /42

8 + 1 (1)	1 + 0 (2)	12 +19 (3)	18 +15 (4)	20 + 1 (5)	16 +13 (6)
2 + 8 (7)	20 + 5 (8)	12 + 0 (9)	14 +16 (10)	16 +10 (11)	11 + 5 (12)
18 + 0 (13)	8 + 7 (14)	13 + 3 (15)	11 +16 (16)	10 + 3 (17)	11 + 1 (18)
12 +17 (19)	5 + 4 (20)	15 + 8 (21)	15 +20 (22)	14 +13 (23)	15 + 4 (24)
15 + 9 (25)	16 +14 (26)	19 + 3 (27)	10 + 2 (28)	11 + 4 (29)	10 + 6 (30)
16 +11 (31)	20 +15 (32)	10 + 7 (33)	14 + 7 (34)	10 + 9 (35)	18 + 8 (36)
17 + 1 (37)	10 + 0 (38)	14 + 5 (39)	15 +13 (40)	3 + 3 (41)	19 + 4 (42)

ADDITION DIGITS UP TO 20

30

NAME: DATE: TIME: SCORE: /42

19 + 2 1	0 + 9 2	19 +20 3	18 +15 4	20 + 9 5	10 + 1 6
4 + 1 7	18 + 7 8	11 +17 9	13 + 1 10	18 +12 11	18 + 4 12
20 +14 13	13 +12 14	11 + 3 15	8 + 7 16	14 + 3 17	1 + 6 18
11 + 0 19	2 + 6 20	17 +16 21	15 + 9 22	16 +18 23	10 + 3 24
19 + 8 25	10 + 7 26	13 + 2 27	15 +17 28	12 +10 29	12 + 0 30
11 + 0 31	7 + 8 32	1 + 5 33	19 +15 34	14 + 4 35	19 +10 36
16 +10 37	6 + 7 38	13 + 4 39	20 + 5 40	5 + 6 41	17 + 9 42

31

ADDITION DIGITS UP TO 20

NAME: DATE: TIME: SCORE: /42

5 + 2 1	20 +12 2	3 + 3 3	12 + 6 4	5 + 1 5	11 + 2 6
1 + 9 7	15 + 7 8	14 + 9 9	0 + 7 10	19 +15 11	8 + 0 12
15 + 4 13	13 +19 14	20 +10 15	16 +11 16	12 + 1 17	14 + 9 18
2 + 4 19	17 + 8 20	20 + 6 21	14 +18 22	4 + 6 23	18 +13 24
17 +17 25	15 + 6 26	9 + 0 27	17 +18 28	16 + 7 29	0 + 8 30
10 + 5 31	16 +13 32	13 +15 33	11 +12 34	11 + 6 35	18 + 2 36
5 + 9 37	17 +15 38	18 + 7 39	20 + 4 40	14 +12 41	12 + 3 42

ADDITION DIGITS UP TO 20

NAME: DATE: TIME: SCORE: /42

9 + 1 (1)	18 + 14 (2)	2 + 4 (3)	20 + 10 (4)	18 + 8 (5)	12 + 3 (6)
13 + 8 (7)	10 + 13 (8)	12 + 5 (9)	11 + 5 (10)	7 + 0 (11)	12 + 10 (12)
13 + 8 (13)	18 + 4 (14)	0 + 0 (15)	6 + 3 (16)	14 + 12 (17)	17 + 17 (18)
16 + 15 (19)	1 + 6 (20)	16 + 6 (21)	15 + 6 (22)	18 + 5 (23)	11 + 1 (24)
19 + 2 (25)	16 + 1 (26)	4 + 3 (27)	14 + 19 (28)	3 + 9 (29)	15 + 14 (30)
10 + 5 (31)	20 + 9 (32)	13 + 5 (33)	17 + 2 (34)	15 + 3 (35)	15 + 8 (36)
7 + 3 (37)	19 + 1 (38)	13 + 16 (39)	11 + 14 (40)	11 + 11 (41)	14 + 13 (42)

33

ADDITION DIGITS UP TO 20

NAME: DATE: TIME: SCORE: /42

10 +11 1	3 + 9 2	15 + 6 3	5 + 3 4	4 + 0 5	18 + 4 6
20 +11 7	14 + 1 8	7 + 0 9	12 +17 10	20 +17 11	1 + 4 12
19 + 9 13	18 + 6 14	17 +10 15	13 +18 16	16 +18 17	11 + 7 18
10 +14 19	14 + 2 20	13 +12 21	14 + 5 22	12 +20 23	3 + 8 24
20 + 5 25	11 +12 26	19 +10 27	17 + 8 28	15 + 6 29	19 + 7 30
8 + 3 31	16 + 1 32	16 +19 33	10 +19 34	20 + 0 35	15 +11 36
19 +16 37	12 +15 38	17 + 1 39	15 +12 40	17 + 7 41	1 + 5 42

ADDITION DIGITS UP TO 20

NAME:	DATE:	TIME:	SCORE: /42

1: 18 + 8	2: 12 + 3	3: 17 + 6	4: 10 + 19	5: 13 + 15	6: 10 + 3
7: 17 + 17	8: 14 + 10	9: 13 + 6	10: 13 + 2	11: 2 + 1	12: 11 + 16
13: 11 + 11	14: 0 + 5	15: 12 + 0	16: 1 + 9	17: 14 + 1	18: 13 + 9
19: 7 + 2	20: 9 + 4	21: 16 + 8	22: 20 + 1	23: 15 + 0	24: 4 + 4
25: 14 + 4	26: 20 + 3	27: 19 + 11	28: 14 + 18	29: 12 + 3	30: 18 + 18
31: 6 + 3	32: 19 + 3	33: 16 + 0	34: 19 + 9	35: 12 + 10	36: 0 + 0
37: 7 + 9	38: 11 + 5	39: 15 + 6	40: 14 + 14	41: 17 + 12	42: 3 + 4

35 ADDITION DIGITS UP TO 20

NAME: DATE: TIME: SCORE: /42

11 + 3 1	12 +16 2	10 +19 3	5 + 2 4	20 +13 5	13 + 0 6
3 + 7 7	4 + 9 8	17 + 7 9	2 + 5 10	15 + 8 11	15 +14 12
17 + 4 13	2 + 7 14	9 + 4 15	9 + 6 16	18 + 7 17	20 + 9 18
15 +10 19	18 + 0 20	3 + 5 21	10 + 3 22	13 + 0 23	19 +14 24
13 + 8 25	1 + 6 26	12 + 6 27	12 + 2 28	11 + 6 29	18 + 1 30
14 + 3 31	8 + 9 32	18 + 6 33	11 + 4 34	17 + 7 35	9 + 8 36
18 +11 37	12 +12 38	17 + 3 39	19 +10 40	13 + 7 41	2 + 1 42

ADDITION DIGITS UP TO 20

36

NAME: DATE: TIME: SCORE: /42

1 + 8 (1)	4 + 5 (2)	12 +13 (3)	14 +17 (4)	10 + 6 (5)	12 + 0 (6)
11 + 5 (7)	1 + 0 (8)	9 + 7 (9)	16 + 2 (10)	13 +15 (11)	17 +15 (12)
20 +19 (13)	15 +14 (14)	0 + 9 (15)	10 + 1 (16)	12 + 2 (17)	16 + 2 (18)
10 + 4 (19)	15 +12 (20)	7 + 5 (21)	19 + 3 (22)	11 + 4 (23)	7 + 8 (24)
18 + 6 (25)	19 + 9 (26)	17 + 8 (27)	14 + 2 (28)	18 + 3 (29)	17 + 4 (30)
19 + 4 (31)	6 + 4 (32)	19 +12 (33)	13 + 7 (34)	10 + 3 (35)	18 +10 (36)
15 + 0 (37)	12 + 9 (38)	5 + 1 (39)	12 +16 (40)	10 + 2 (41)	20 + 2 (42)

37 ADDITION DIGITS UP TO 20

NAME: DATE: TIME: SCORE: /42

16 + 6 (1)	6 + 2 (2)	18 + 5 (3)	17 + 4 (4)	1 + 8 (5)	14 +12 (6)
9 + 7 (7)	19 +18 (8)	12 + 0 (9)	10 + 1 (10)	20 +16 (11)	19 + 1 (12)
2 + 9 (13)	18 +15 (14)	10 + 9 (15)	5 + 7 (16)	15 +16 (17)	12 + 5 (18)
0 + 3 (19)	14 + 6 (20)	18 + 5 (21)	14 +17 (22)	11 +15 (23)	11 + 3 (24)
17 + 7 (25)	19 + 0 (26)	20 + 8 (27)	10 + 7 (28)	10 + 1 (29)	17 +11 (30)
16 +20 (31)	17 + 6 (32)	15 + 0 (33)	10 +20 (34)	9 + 1 (35)	17 + 0 (36)
11 + 0 (37)	14 +10 (38)	15 + 1 (39)	16 + 7 (40)	13 +16 (41)	17 +19 (42)

ADDITION DIGITS UP TO 20

38

NAME: DATE: TIME: SCORE: /42

20 +15 1	6 + 5 2	17 + 1 3	13 +18 4	12 + 0 5	11 + 4 6
20 + 6 7	14 + 7 8	12 +20 9	14 + 2 10	19 + 7 11	2 + 1 12
16 + 0 13	11 + 2 14	19 + 2 15	11 + 5 16	5 + 6 17	18 +17 18
10 + 3 19	6 + 2 20	18 +19 21	13 +10 22	16 +16 23	20 + 7 24
10 + 4 25	10 + 8 26	14 + 8 27	11 + 4 28	15 + 9 29	9 + 0 30
20 + 6 31	15 + 1 32	5 + 1 33	7 + 4 34	6 + 9 35	10 + 5 36
11 + 9 37	12 + 2 38	17 + 6 39	15 +13 40	11 + 8 41	18 + 0 42

ADDITION DIGITS UP TO 20

NAME: DATE: TIME: SCORE: /42

14 + 6 1	17 +12 2	18 + 2 3	18 + 8 4	10 + 9 5	16 +13 6
17 +15 7	11 + 6 8	13 + 9 9	17 + 1 10	14 + 7 11	11 + 5 12
14 +20 13	12 + 8 14	17 + 2 15	10 + 0 16	10 + 7 17	11 + 1 18
15 +16 19	1 + 1 20	19 + 4 21	14 + 5 22	20 +15 23	15 + 4 24
12 + 7 25	18 + 0 26	3 + 3 27	15 +13 28	16 +11 29	10 + 6 30
20 + 1 31	16 +10 32	10 + 3 33	14 +13 34	11 + 5 35	10 + 2 36
15 +20 37	11 +16 38	14 +16 39	18 +15 40	12 +19 41	12 + 0 42

ADDITION DIGITS UP TO 20

40

NAME:	DATE:	TIME:	SCORE: /42

4 + 5 (1)	20 +16 (2)	8 + 1 (3)	19 +10 (4)	14 + 4 (5)	10 + 1 (6)
15 + 2 (7)	18 +12 (8)	12 +14 (9)	16 +10 (10)	19 +15 (11)	18 + 4 (12)
18 + 3 (13)	13 + 9 (14)	14 +11 (15)	6 + 7 (16)	1 + 5 (17)	1 + 6 (18)
18 + 9 (19)	14 +13 (20)	17 + 9 (21)	13 + 4 (22)	7 + 8 (23)	10 + 3 (24)
16 + 0 (25)	2 + 7 (26)	5 + 6 (27)	20 + 5 (28)	11 + 0 (29)	12 + 0 (30)
20 + 9 (31)	18 +17 (32)	14 + 3 (33)	16 +18 (34)	12 +10 (35)	15 +17 (36)
15 + 9 (37)	8 + 7 (38)	13 + 1 (39)	18 +15 (40)	19 +20 (41)	11 +17 (42)

41

ADDITION DIGITS UP TO 100

NAME:	DATE:	TIME:	SCORE: /42

89 +88 1	44 +70 2	15 +32 3	72 +73 4	52 +74 5	10 +16 6
30 +58 7	45 +77 8	61 +37 9	32 +12 10	26 +76 11	99 + 7 12
50 +86 13	43 + 6 14	79 +42 15	13 +66 16	37 +98 17	34 +36 18
43 +54 19	73 + 0 20	19 +75 21	20 +83 22	21 +33 23	48 +80 24
22 +44 25	80 +61 26	84 +67 27	57 +95 28	86 +31 29	91 +38 30
98 +28 31	74 +75 32	80 +87 33	60 + 4 34	73 +95 35	83 +89 36
55 + 1 37	79 + 5 38	36 +57 39	63 +66 40	72 + 7 41	64 +80 42

ADDITION DIGITS UP TO 100

42

NAME:	DATE:	TIME:	SCORE: /42

77 +74 (1)	58 +37 (2)	10 +38 (3)	79 + 4 (4)	86 +76 (5)	3 + 1 (6)
50 +70 (7)	31 +72 (8)	83 +96 (9)	51 +92 (10)	73 +61 (11)	93 + 7 (12)
97 +29 (13)	72 +54 (14)	55 +52 (15)	35 + 0 (16)	59 +11 (17)	12 +53 (18)
65 + 2 (19)	37 +57 (20)	52 +99 (21)	82 +83 (22)	96 +60 (23)	76 + 9 (24)
22 +94 (25)	34 +77 (26)	7 + 4 (27)	39 +34 (28)	99 +19 (29)	67 +40 (30)
12 +56 (31)	75 + 9 (32)	34 +44 (33)	73 +65 (34)	18 +59 (35)	84 +19 (36)
83 +50 (37)	64 +80 (38)	44 +10 (39)	46 +30 (40)	60 +89 (41)	74 +66 (42)

ADDITION DIGITS UP TO 100

NAME:	DATE:	TIME:	SCORE: /42

13 +56 1	88 +82 2	60 +98 3	39 +62 4	80 +12 5	66 +41 6
99 + 4 7	41 +66 8	23 + 3 9	38 +50 10	69 +25 11	17 +12 12
96 +71 13	53 +64 14	80 + 6 15	10 +33 16	25 +39 17	92 + 3 18
16 +35 19	49 +52 20	94 +86 21	57 +79 22	32 +99 23	84 + 1 24
62 +43 25	70 +80 26	45 +55 27	63 +27 28	83 + 2 29	91 +88 30
27 +91 31	54 +76 32	92 +43 33	95 +64 34	98 +53 35	60 +58 36
18 + 2 37	53 +50 38	31 +54 39	36 +12 40	75 +59 41	65 + 5 42

ADDITION DIGITS UP TO 100

44

NAME:	DATE:	TIME:	SCORE: /42

97 +97 1	31 +50 2	15 +63 3	22 + 7 4	26 +29 5	88 +57 6
54 +51 7	63 +67 8	70 +34 9	19 +12 10	32 +11 11	62 + 3 12
79 + 9 13	33 +74 14	55 +56 15	81 +10 16	65 +43 17	43 + 1 18
85 +18 19	29 +44 20	75 +64 21	73 +20 22	72 +19 23	37 +73 24
67 +48 25	58 +45 26	20 +71 27	38 +85 28	94 +61 29	66 +60 30
36 +75 31	77 +29 32	82 +95 33	84 +15 34	59 +27 35	41 +13 36
56 +39 37	37 +16 38	67 +61 39	32 +92 40	92 +21 41	43 +11 42

ADDITION DIGITS UP TO 100

NAME: DATE: TIME: SCORE: /42

28 +13 1	47 +31 2	22 +89 3	75 +40 4	72 +12 5	15 +48 6
26 +11 7	86 +64 8	71 +36 9	27 +95 10	18 +32 11	98 + 4 12
78 +44 13	52 +97 14	17 + 0 15	70 +57 16	17 +42 17	11 +15 18
41 + 6 19	67 +76 20	84 +39 21	63 + 2 22	47 + 8 23	25 +71 24
73 +34 25	57 +29 26	59 +73 27	65 +90 28	68 +61 29	37 +54 30
79 + 3 31	15 +81 32	47 +89 33	46 +18 34	72 + 7 35	32 +72 36
25 +15 37	85 + 0 38	87 +44 39	45 +53 40	82 +42 41	22 +32 42

ADDITION DIGITS UP TO 100

NAME: DATE: TIME: SCORE: /42

78 +79 (1)	81 +78 (2)	76 +91 (3)	72 + 7 (4)	63 +66 (5)	98 +28 (6)
52 + 0 (7)	58 +70 (8)	86 +93 (9)	64 +80 (10)	36 +57 (11)	74 +76 (12)
84 + 4 (13)	14 +22 (14)	94 +77 (15)	38 +10 (16)	76 + 5 (17)	80 +87 (18)
24 +75 (19)	40 +38 (20)	42 + 8 (21)	84 +13 (22)	55 + 1 (23)	60 + 4 (24)
67 + 3 (25)	70 +97 (26)	93 +81 (27)	69 +94 (28)	83 +89 (29)	73 +95 (30)
10 +16 (31)	99 + 7 (32)	34 +36 (33)	48 +80 (34)	91 +38 (35)	86 +31 (36)
21 +33 (37)	37 +98 (38)	26 +76 (39)	52 +74 (40)	72 +73 (41)	32 +12 (42)

47

ADDITION DIGITS UP TO 100

NAME:	DATE:	TIME:	SCORE: /42

40 +95 1	61 +14 2	29 + 9 3	60 +89 4	46 +30 5	12 +56 6
29 +69 7	42 +47 8	30 +67 9	74 +66 10	44 +10 11	76 + 9 12
28 +57 13	75 +81 14	27 +90 15	38 +51 16	64 +80 17	34 +44 18
58 +83 19	80 + 4 20	79 +27 21	93 +28 22	83 +50 23	73 +65 24
16 +79 25	49 + 8 26	20 +84 27	90 +34 28	84 +19 29	18 +59 30
3 + 1 31	93 + 7 32	12 +53 33	77 + 9 34	67 +40 35	99 +19 36
96 +60 37	59 +11 38	73 +61 39	86 +76 40	79 + 4 41	51 +92 42

ADDITION DIGITS UP TO 100

48

NAME: DATE: TIME: SCORE: /42

21 +26 1	43 +10 2	16 +34 3	75 +59 4	36 +12 5	27 +91 6
84 +49 7	48 +85 8	69 + 0 9	65 + 5 10	31 +54 11	54 +76 12
66 +81 13	33 +51 14	86 +23 15	44 + 8 16	53 +50 17	92 +43 18
78 +57 19	59 + 5 20	34 +89 21	58 +21 22	18 + 2 23	95 +64 24
41 +96 25	10 +25 26	42 +18 27	29 +94 28	60 +58 29	98 +53 30
66 +41 31	17 +12 32	92 + 3 33	84 + 1 34	91 +88 35	83 + 2 36
32 +99 37	25 +39 38	69 +25 39	20 +15 40	39 +62 41	38 +50 42

49

ADDITION DIGITS UP TO 100

NAME: DATE: TIME: SCORE: /42

53 +68 (1)	24 +58 (2)	25 +50 (3)	92 +21 (4)	32 +92 (5)	36 +75 (6)
95 +49 (7)	60 +79 (8)	80 +42 (9)	43 +11 (10)	67 +61 (11)	77 +29 (12)
72 +53 (13)	99 + 4 103 (14)	21 +22 (15)	34 + 2 (16)	37 +16 (17)	82 +95 (18)
46 +64 (19)	97 +90 (20)	67 + 4 (21)	93 +46 (22)	56 +39 (23)	84 +15 (24)
81 +71 (25)	48 +82 (26)	47 + 5 (27)	86 +43 (28)	41 +13 (29)	59 +27 (30)
88 +57 (31)	62 + 3 (32)	43 + 1 (33)	37 +73 (34)	66 +60 (35)	94 +61 (36)
72 +19 (37)	65 +43 (38)	32 +11 (39)	26 +29 (40)	22 + 7 (41)	19 +12 (42)

ADDITION DIGITS UP TO 100

NAME: DATE: TIME: SCORE: /42

17 +98 1	66 +80 2	86 +46 3	82 +42 4	45 +53 5	79 + 3 6
92 +93 7	26 +54 8	10 + 4 9	22 +32 10	87 +44 11	15 +81 12
42 +13 13	68 +77 14	84 +95 15	13 +66 16	85 + 0 17	47 +89 18
74 + 5 19	61 +88 20	57 +91 21	38 +52 22	25 +15 23	46 +18 24
33 + 9 25	98 +47 26	37 + 7 27	75 +35 28	32 +72 29	72 + 7 30
15 +48 31	98 + 4 32	11 +15 33	25 +71 34	37 +54 35	42 +12 36
18 +32 37	17 +42 38	47 + 8 39	68 +61 40	75 +40 41	27 +95 42

51 SUBTRACTION DIGITS UP TO 10

NAME:	DATE:	TIME:	SCORE: /42

9 − 9 = 0 (1)	9 − 6 = 3 (2)	4 − 3 = 1 (3)	8 − 0 = 8 (4)	5 − 4 = 1 (5)	7 − 5 = 2 (6)
1 − 0 = 1 (7)	7 − 0 = 7 (8)	3 − 1 = 2 (9)	7 − 6 = 1 (10)	9 − 3 = 6 (11)	6 − 0 = 6 (12)
5 − 3 = 2 (13)	4 − 0 = 4 (14)	8 − 3 = 5 (15)	7 − 4 = 3 (16)	5 − 5 = 0 (17)	3 − 0 = 3 (18)
4 − 1 (19)	7 − 1 (20)	9 − 5 (21)	8 − 5 (22)	4 − 2 (23)	2 − 0 (24)
7 − 3 (25)	9 − 4 (26)	2 − 1 (27)	5 − 2 (28)	6 − 3 (29)	9 − 0 (30)
9 − 8 (31)	9 − 7 (32)	8 − 4 (33)	9 − 2 (34)	7 − 2 (35)	8 − 2 (36)
0 − 0 (37)	5 − 1 (38)	8 − 8 (39)	3 − 3 (40)	6 − 5 (41)	3 − 2 (42)

SUBTRACTION DIGITS UP TO 10

52

NAME: DATE: TIME: SCORE: /42

6 − 0 1	8 − 5 2	8 − 0 3	1 − 1 4	7 − 0 5	5 − 4 6
6 − 5 7	4 − 1 8	7 − 4 9	3 − 3 10	5 − 3 11	3 − 2 12
8 − 2 13	6 − 1 14	8 − 4 15	2 − 1 16	9 − 4 17	2 − 2 18
6 − 3 19	7 − 6 20	7 − 3 21	9 − 0 22	4 − 4 23	4 − 3 24
6 − 4 25	7 − 2 26	3 − 1 27	9 − 8 28	4 − 2 29	6 − 2 30
8 − 6 31	7 − 1 32	9 − 9 33	5 − 0 34	8 − 3 35	8 − 7 36
9 − 2 37	3 − 0 38	7 − 7 39	9 − 7 40	1 − 0 41	7 − 5 42

53 SUBTRACTION DIGITS UP TO 10

NAME: DATE: TIME: SCORE: /42

1 − 0 (1)	5 − 5 (2)	8 − 8 (3)	9 − 7 (4)	0 − 0 (5)	7 − 0 (6)
9 − 5 (7)	7 − 2 (8)	8 − 6 (9)	4 − 4 (10)	8 − 7 (11)	6 − 0 (12)
3 − 1 (13)	9 − 1 (14)	4 − 3 (15)	8 − 2 (16)	9 − 4 (17)	7 − 1 (18)
2 − 1 (19)	7 − 5 (20)	3 − 0 (21)	7 − 7 (22)	6 − 4 (23)	7 − 6 (24)
9 − 2 (25)	6 − 1 (26)	1 − 1 (27)	5 − 1 (28)	4 − 1 (29)	7 − 4 (30)
8 − 4 (31)	4 − 2 (32)	9 − 8 (33)	9 − 3 (34)	8 − 5 (35)	5 − 3 (36)
4 − 0 (37)	8 − 3 (38)	2 − 2 (39)	9 − 6 (40)	3 − 2 (41)	6 − 5 (42)

SUBTRACTION DIGITS UP TO 10

NAME:	DATE:	TIME:	SCORE: /42

9 − 9 1	7 − 2 2	8 − 8 3	3 − 2 4	7 − 0 5	6 − 4 6
9 − 4 7	9 − 7 8	8 − 1 9	6 − 1 10	9 − 5 11	9 − 1 12
3 − 3 13	8 − 4 14	5 − 3 15	4 − 3 16	9 − 6 17	7 − 4 18
7 − 6 19	2 − 1 20	9 − 0 21	9 − 8 22	1 − 1 23	5 − 0 24
8 − 3 25	4 − 2 26	8 − 2 27	3 − 0 28	3 − 1 29	8 − 5 30
6 − 6 31	5 − 4 32	5 − 2 33	7 − 5 34	6 − 2 35	8 − 6 36
2 − 0 37	6 − 3 38	8 − 0 39	9 − 2 40	7 − 3 41	9 − 3 42

SUBTRACTION DIGITS UP TO 10

NAME:	DATE:	TIME:	SCORE: /42

6 − 1 1	3 − 2 2	8 − 4 3	8 − 5 4	6 − 0 5	1 − 0 6
6 − 6 7	4 − 1 8	7 − 4 9	9 − 3 10	6 − 5 11	5 − 2 12
8 − 3 13	8 − 7 14	9 − 4 15	5 − 0 16	7 − 7 17	7 − 5 18
8 − 1 19	5 − 1 20	3 − 0 21	5 − 4 22	9 − 5 23	8 − 2 24
7 − 3 25	9 − 2 26	9 − 6 27	8 − 6 28	8 − 0 29	7 − 1 30
2 − 1 31	6 − 3 32	4 − 2 33	6 − 2 34	7 − 6 35	4 − 3 36
9 − 1 37	7 − 2 38	7 − 0 39	5 − 3 40	5 − 5 41	6 − 4 42

SUBTRACTION DIGITS UP TO 10

NAME: DATE: TIME: SCORE: /42

7 − 0 (1)	9 − 1 (2)	9 − 4 (3)	2 − 2 (4)	4 − 3 (5)	8 − 6 (6)
3 − 3 (7)	1 − 0 (8)	5 − 2 (9)	2 − 1 (10)	8 − 8 (11)	9 − 7 (12)
3 − 2 (13)	6 − 2 (14)	7 − 7 (15)	4 − 4 (16)	5 − 1 (17)	7 − 2 (18)
6 − 3 (19)	4 − 0 (20)	7 − 1 (21)	8 − 4 (22)	0 − 0 (23)	9 − 8 (24)
7 − 4 (25)	4 − 1 (26)	3 − 1 (27)	8 − 7 (28)	9 − 2 (29)	7 − 3 (30)
7 − 5 (31)	6 − 0 (32)	3 − 0 (33)	2 − 0 (34)	9 − 5 (35)	9 − 6 (36)
4 − 2 (37)	8 − 3 (38)	9 − 3 (39)	5 − 4 (40)	8 − 0 (41)	7 − 6 (42)

SUBTRACTION DIGITS UP TO 10

NAME:	DATE:	TIME:	SCORE: /42

7 − 1 1	5 − 2 2	4 − 1 3	8 − 3 4	8 − 2 5	6 − 6 6
8 − 5 7	3 − 1 8	9 − 6 9	5 − 1 10	9 − 2 11	7 − 3 12
7 − 6 13	8 − 6 14	8 − 0 15	9 − 0 16	7 − 5 17	9 − 9 18
7 − 2 19	6 − 5 20	6 − 0 21	7 − 4 22	7 − 7 23	5 − 5 24
6 − 3 25	5 − 0 26	2 − 1 27	1 − 0 28	8 − 7 29	6 − 1 30
5 − 4 31	3 − 2 32	2 − 2 33	4 − 3 34	6 − 2 35	4 − 2 36
4 − 4 37	8 − 4 38	5 − 3 39	7 − 0 40	1 − 1 41	3 − 3 42

SUBTRACTION DIGITS UP TO 10

NAME: DATE: TIME: SCORE: /42

3 − 1 (1)	9 − 5 (2)	8 − 8 (3)	1 − 0 (4)	9 − 2 (5)	6 − 3 (6)
5 − 2 (7)	4 − 3 (8)	2 − 1 (9)	5 − 4 (10)	8 − 4 (11)	4 − 2 (12)
5 − 1 (13)	8 − 5 (14)	7 − 2 (15)	3 − 2 (16)	2 − 0 (17)	9 − 8 (18)
8 − 3 (19)	7 − 5 (20)	8 − 0 (21)	1 − 1 (22)	8 − 1 (23)	9 − 3 (24)
8 − 2 (25)	6 − 1 (26)	9 − 6 (27)	7 − 3 (28)	9 − 9 (29)	9 − 1 (30)
9 − 0 (31)	6 − 0 (32)	7 − 1 (33)	7 − 0 (34)	7 − 4 (35)	4 − 1 (36)
6 − 4 (37)	9 − 4 (38)	8 − 6 (39)	0 − 0 (40)	9 − 7 (41)	4 − 4 (42)

59 SUBTRACTION DIGITS UP TO 10

NAME: DATE: TIME: SCORE: /42

4 − 1 (1)	5 − 4 (2)	7 − 6 (3)	7 − 3 (4)	9 − 2 (5)	6 − 6 (6)
9 − 6 (7)	9 − 4 (8)	5 − 5 (9)	8 − 3 (10)	8 − 0 (11)	4 − 0 (12)
6 − 4 (13)	3 − 0 (14)	3 − 2 (15)	8 − 7 (16)	5 − 3 (17)	7 − 1 (18)
4 − 3 (19)	6 − 5 (20)	2 − 1 (21)	8 − 4 (22)	2 − 0 (23)	7 − 5 (24)
5 − 2 (25)	8 − 1 (26)	9 − 0 (27)	6 − 0 (28)	8 − 6 (29)	6 − 2 (30)
6 − 3 (31)	9 − 1 (32)	7 − 4 (33)	5 − 0 (34)	8 − 5 (35)	3 − 1 (36)
1 − 1 (37)	9 − 3 (38)	9 − 5 (39)	7 − 0 (40)	3 − 3 (41)	6 − 1 (42)

SUBTRACTION DIGITS UP TO 10

60

NAME:	DATE:	TIME:	SCORE: /42

7 − 3 1	8 − 4 2	9 − 6 3	8 − 1 4	5 − 3 5	5 − 5 6
9 − 1 7	4 − 2 8	8 − 6 9	5 − 4 10	9 − 0 11	6 − 3 12
4 − 1 13	8 − 7 14	8 − 0 15	9 − 2 16	3 − 2 17	5 − 2 18
7 − 4 19	6 − 1 20	3 − 1 21	2 − 1 22	7 − 0 23	6 − 2 24
6 − 4 25	9 − 8 26	4 − 4 27	8 − 3 28	4 − 3 29	7 − 6 30
1 − 0 31	7 − 2 32	7 − 5 33	8 − 2 34	7 − 1 35	6 − 0 36
6 − 5 37	7 − 7 38	9 − 5 39	2 − 0 40	8 − 5 41	9 − 3 42

61 SUBTRACTION DIGITS UP TO 20

NAME: DATE: TIME: SCORE: /42

10 − 2 (1)	1 − 1 (2)	14 − 6 (3)	6 − 4 (4)	9 − 6 (5)	13 − 1 (6)
9 − 7 (7)	6 − 5 (8)	4 − 1 (9)	11 − 4 (10)	9 − 2 (11)	12 − 0 (12)
8 − 0 (13)	10 − 6 (14)	3 − 0 (15)	7 − 3 (16)	3 − 2 (17)	5 − 1 (18)
20 − 6 (19)	12 − 9 (20)	15 − 7 (21)	18 − 3 (22)	5 − 2 (23)	16 − 8 (24)
17 − 1 (25)	19 − 7 (26)	2 − 0 (27)	16 − 3 (28)	7 − 4 (29)	9 − 8 (30)
9 − 3 (31)	17 − 9 (32)	19 − 4 (33)	7 − 7 (34)	6 − 2 (35)	13 − 5 (36)
5 − 4 (37)	18 − 7 (38)	2 − 1 (39)	12 − 3 (40)	19 − 8 (41)	15 − 0 (42)

SUBTRACTION DIGITS UP TO 20

62

NAME: DATE: TIME: SCORE: /42

8 − 0 (1)	16 − 2 (2)	14 − 4 (3)	15 − 3 (4)	10 − 3 (5)	7 − 3 (6)
18 − 1 (7)	8 − 2 (8)	9 − 6 (9)	17 − 4 (10)	13 − 0 (11)	6 − 4 (12)
17 − 1 (13)	16 − 0 (14)	15 − 2 (15)	6 − 3 (16)	5 − 4 (17)	10 − 5 (18)
11 − 1 (19)	18 − 9 (20)	13 − 6 (21)	9 − 5 (22)	2 − 0 (23)	19 − 9 (24)
12 − 7 (25)	12 − 3 (26)	5 − 2 (27)	9 − 7 (28)	14 − 7 (29)	8 − 4 (30)
14 − 3 (31)	9 − 4 (32)	8 − 3 (33)	6 − 0 (34)	19 − 7 (35)	4 − 0 (36)
5 − 5 (37)	15 − 9 (38)	9 − 1 (39)	13 − 4 (40)	8 − 7 (41)	9 − 8 (42)

63 SUBTRACTION DIGITS UP TO 20

NAME:	DATE:	TIME:	SCORE: /42

3 − 0 1	20 − 9 2	12 − 5 3	19 − 6 4	17 − 6 5	10 − 1 6
7 − 5 7	16 − 7 8	7 − 6 9	2 − 0 10	4 − 0 11	12 − 4 12
3 − 2 13	9 − 4 14	8 − 6 15	15 − 8 16	13 − 4 17	8 − 5 18
9 − 5 19	18 − 2 20	15 − 9 21	5 − 5 22	10 − 7 23	1 − 1 24
14 − 2 25	8 − 7 26	16 − 1 27	4 − 2 28	11 − 3 29	5 − 3 30
19 − 8 31	20 − 5 32	13 − 7 33	4 − 1 34	14 − 0 35	9 − 7 36
19 − 2 37	5 − 4 38	7 − 2 39	12 − 3 40	9 − 8 41	20 − 1 42

SUBTRACTION DIGITS UP TO 20

NAME:	DATE:	TIME:	SCORE: /42

18 − 0 (1)	10 − 1 (2)	16 − 1 (3)	19 − 5 (4)	14 − 9 (5)	17 − 2 (6)
10 − 9 (7)	15 − 5 (8)	15 − 2 (9)	13 − 4 (10)	11 − 8 (11)	6 − 5 (12)
9 − 0 (13)	6 − 3 (14)	3 − 1 (15)	3 − 0 (16)	8 − 7 (17)	8 − 4 (18)
18 − 7 (19)	6 − 2 (20)	12 − 4 (21)	14 − 7 (22)	8 − 1 (23)	4 − 3 (24)
7 − 0 (25)	11 − 9 (26)	9 − 1 (27)	4 − 2 (28)	20 − 5 (29)	13 − 6 (30)
19 − 0 (31)	15 − 7 (32)	5 − 3 (33)	6 − 0 (34)	12 − 2 (35)	12 − 6 (36)
5 − 1 (37)	4 − 0 (38)	9 − 3 (39)	9 − 7 (40)	16 − 7 (41)	10 − 2 (42)

65 SUBTRACTION DIGITS UP TO 20

NAME: DATE: TIME: SCORE: /42

7 − 2 1	8 − 0 2	20 − 5 3	6 − 4 4	17 − 6 5	7 − 4 6
12 − 2 7	14 − 2 8	6 − 6 9	16 − 3 10	6 − 2 11	9 − 1 12
19 − 8 13	11 − 2 14	15 − 7 15	8 − 1 16	9 − 4 17	9 − 0 18
19 − 9 19	13 − 0 20	5 − 0 21	5 − 5 22	9 − 7 23	10 − 3 24
14 − 1 25	3 − 3 26	3 − 1 27	20 − 6 28	11 − 8 29	18 − 4 30
10 − 8 31	8 − 5 32	11 − 7 33	3 − 2 34	15 − 6 35	5 − 1 36
5 − 2 37	7 − 3 38	14 − 7 39	17 − 3 40	6 − 5 41	12 − 6 42

SUBTRACTION DIGITS UP TO 20

NAME: DATE: TIME: SCORE: /42

8 − 2 1	6 − 4 2	16 − 1 3	19 − 5 4	12 − 3 5	9 − 3 6
10 − 3 7	18 − 6 8	6 − 0 9	15 − 0 10	4 − 1 11	17 − 9 12
20 − 4 13	9 − 1 14	20 − 9 15	4 − 2 16	18 − 7 17	19 − 8 18
8 − 3 19	7 − 0 20	8 − 1 21	2 − 1 22	5 − 3 23	7 − 7 24
17 − 6 25	13 − 3 26	11 − 5 27	14 − 4 28	13 − 5 29	6 − 2 30
13 − 1 31	12 − 0 32	2 − 0 33	16 − 8 34	9 − 8 35	5 − 4 36
3 − 2 37	9 − 7 38	11 − 4 39	18 − 3 40	16 − 3 41	15 − 7 42

67

SUBTRACTION DIGITS UP TO 20

NAME: DATE: TIME: SCORE: /42

5 − 3 (1)	15 − 8 (2)	13 − 3 (3)	8 − 5 (4)	13 − 4 (5)	4 − 2 (6)
20 − 8 (7)	11 − 5 (8)	5 − 2 (9)	9 − 8 (10)	9 − 3 (11)	9 − 4 (12)
2 − 2 (13)	11 − 3 (14)	16 − 7 (15)	18 − 1 (16)	15 − 9 (17)	8 − 3 (18)
9 − 5 (19)	18 − 6 (20)	17 − 0 (21)	7 − 7 (22)	5 − 5 (23)	6 − 0 (24)
11 − 4 (25)	20 − 6 (26)	14 − 2 (27)	6 − 5 (28)	4 − 0 (29)	19 − 7 (30)
7 − 3 (31)	6 − 4 (32)	10 − 5 (33)	19 − 9 (34)	8 − 4 (35)	14 − 7 (36)
2 − 0 (37)	5 − 4 (38)	13 − 0 (39)	10 − 3 (40)	8 − 7 (41)	9 − 1 (42)

SUBTRACTION DIGITS UP TO 20

NAME: DATE: TIME: SCORE: /42

16 − 1 (1)	3 − 0 (2)	12 − 0 (3)	9 − 8 (4)	12 − 3 (5)	19 − 8 (6)
15 − 0 (7)	10 − 3 (8)	6 − 4 (9)	20 − 1 (10)	7 − 2 (11)	20 − 5 (12)
8 − 1 (13)	6 − 5 (14)	15 − 5 (15)	13 − 6 (16)	5 − 4 (17)	13 − 7 (18)
4 − 3 (19)	10 − 9 (20)	17 − 2 (21)	9 − 4 (22)	19 − 2 (23)	4 − 1 (24)
14 − 9 (25)	2 − 1 (26)	11 − 6 (27)	7 − 3 (28)	9 − 7 (29)	14 − 0 (30)
10 − 1 (31)	12 − 4 (32)	9 − 5 (33)	1 − 1 (34)	5 − 3 (35)	11 − 3 (36)
10 − 7 (37)	13 − 4 (38)	4 − 0 (39)	17 − 6 (40)	19 − 6 (41)	15 − 8 (42)

69 SUBTRACTION DIGITS UP TO 20

NAME: DATE: TIME: SCORE: /42

6 − 3 1	9 − 6 2	18 − 4 3	16 − 7 4	9 − 7 5	19 − 4 6
9 − 8 7	6 − 1 8	2 − 1 9	10 − 2 10	9 − 3 11	15 − 7 12
4 − 1 13	5 − 4 14	20 − 1 15	16 − 8 16	4 − 0 17	5 − 3 18
7 − 4 19	3 − 2 20	14 − 5 21	11 − 0 22	5 − 1 23	6 − 0 24
10 − 6 25	17 − 8 26	8 − 3 27	15 − 8 28	12 − 2 29	12 − 7 30
17 − 2 31	6 − 5 32	8 − 4 33	4 − 3 34	13 − 6 35	20 − 5 36
8 − 1 37	8 − 7 38	11 − 8 39	14 − 9 40	19 − 0 41	12 − 4 42

SUBTRACTION DIGITS UP TO 20

NAME: DATE: TIME: SCORE: /42

12 − 2 1	19 − 1 2	17 − 8 3	6 − 5 4	17 − 4 5	10 − 8 6
20 − 1 7	10 − 9 8	4 − 3 9	12 − 6 10	14 − 7 11	8 − 5 12
20 − 4 13	9 − 9 14	16 − 4 15	7 − 3 16	5 − 4 17	11 − 7 18
9 − 8 19	14 − 2 20	18 − 9 21	4 − 0 22	5 − 3 23	3 − 2 24
11 − 6 25	8 − 0 26	19 − 7 27	1 − 0 28	5 − 1 29	15 − 6 30
7 − 4 31	9 − 1 32	9 − 0 33	10 − 3 34	18 − 4 35	11 − 8 36
9 − 7 37	9 − 4 38	5 − 2 39	17 − 6 40	6 − 4 41	17 − 3 42

71 SUBTRACTION DIGITS UP TO 20

NAME: DATE: TIME: SCORE: /42

10 − 4 (1)	16 − 2 (2)	15 − 2 (3)	20 − 9 (4)	18 − 16 (5)	14 − 8 (6)
0 − 0 (7)	1 − 1 (8)	18 − 18 (9)	14 − 12 (10)	19 − 7 (11)	15 − 8 (12)
9 − 5 (13)	20 − 15 (14)	13 − 10 (15)	11 − 4 (16)	6 − 1 (17)	17 − 9 (18)
19 − 12 (19)	7 − 2 (20)	20 − 19 (21)	13 − 2 (22)	11 − 10 (23)	20 − 17 (24)
14 − 11 (25)	19 − 17 (26)	8 − 7 (27)	6 − 4 (28)	17 − 2 (29)	6 − 6 (30)
12 − 7 (31)	16 − 8 (32)	8 − 8 (33)	16 − 9 (34)	11 − 1 (35)	16 − 13 (36)
18 − 7 (37)	11 − 5 (38)	11 − 2 (39)	14 − 3 (40)	4 − 3 (41)	18 − 9 (42)

SUBTRACTION DIGITS UP TO 20

NAME: DATE: TIME: SCORE: /42

10 − 2 1	12 − 0 2	14 −12 3	19 − 1 4	9 − 6 5	20 −12 6
14 − 2 7	15 −11 8	20 − 4 9	9 − 3 10	16 − 6 11	10 − 6 12
8 − 4 13	1 − 0 14	18 −12 15	15 − 5 16	18 −13 17	20 −13 18
9 − 8 19	5 − 4 20	8 − 7 21	7 − 3 22	18 −18 23	19 − 5 24
17 −17 25	19 −10 26	2 − 0 27	17 −15 28	11 − 5 29	4 − 3 30
14 −10 31	7 − 4 32	15 − 3 33	16 − 5 34	20 − 7 35	20 −18 36
9 − 5 37	11 − 9 38	7 − 2 39	5 − 1 40	17 −14 41	19 −18 42

SUBTRACTION DIGITS UP TO 20

NAME: DATE: TIME: SCORE: /42

16 −10 1	13 − 4 2	12 −11 3	20 − 5 4	2 − 0 5	15 − 3 6
17 − 1 7	7 − 2 8	13 −11 9	15 −14 10	17 − 8 11	7 − 5 12
8 − 2 13	8 − 4 14	20 −17 15	18 − 8 16	14 − 5 17	18 − 3 18
16 − 1 19	11 −10 20	17 −12 21	19 −10 22	6 − 5 23	14 − 7 24
20 − 6 25	20 − 9 26	14 −12 27	19 −13 28	10 − 3 29	19 −11 30
7 − 6 31	11 − 2 32	8 − 5 33	9 − 1 34	5 − 2 35	19 −18 36
10 −10 37	18 −16 38	15 − 4 39	20 −11 40	5 − 1 41	16 −15 42

SUBTRACTION DIGITS UP TO 20

74

NAME: DATE: TIME: SCORE: /42

17 − 0 (1)	13 − 5 (2)	15 − 4 (3)	17 − 1 (4)	7 − 3 (5)	14 − 2 (6)
4 − 1 (7)	8 − 7 (8)	14 − 7 (9)	6 − 3 (10)	20 − 13 (11)	12 − 10 (12)
12 − 2 (13)	19 − 12 (14)	18 − 11 (15)	16 − 10 (16)	15 − 5 (17)	18 − 16 (18)
3 − 0 (19)	19 − 14 (20)	16 − 11 (21)	13 − 11 (22)	20 − 2 (23)	20 − 0 (24)
6 − 6 (25)	9 − 9 (26)	14 − 12 (27)	20 − 16 (28)	19 − 8 (29)	15 − 1 (30)
16 − 15 (31)	11 − 3 (32)	5 − 1 (33)	8 − 1 (34)	14 − 1 (35)	15 − 0 (36)
19 − 17 (37)	13 − 7 (38)	14 − 5 (39)	20 − 8 (40)	18 − 10 (41)	11 − 7 (42)

75 SUBTRACTION DIGITS UP TO 20

NAME: DATE: TIME: SCORE: /42

18 − 4 (1)	8 − 0 (2)	8 − 5 (3)	6 − 6 (4)	15 − 5 (5)	15 − 7 (6)
16 − 14 (7)	19 − 11 (8)	15 − 6 (9)	8 − 1 (10)	20 − 6 (11)	16 − 13 (12)
16 − 5 (13)	15 − 2 (14)	17 − 8 (15)	14 − 3 (16)	19 − 13 (17)	11 − 11 (18)
19 − 14 (19)	10 − 4 (20)	20 − 13 (21)	7 − 3 (22)	10 − 8 (23)	17 − 3 (24)
18 − 17 (25)	13 − 11 (26)	0 − 0 (27)	19 − 9 (28)	20 − 3 (29)	17 − 2 (30)
12 − 3 (31)	20 − 7 (32)	5 − 4 (33)	19 − 3 (34)	10 − 0 (35)	1 − 0 (36)
19 − 2 (37)	17 − 9 (38)	20 − 4 (39)	11 − 9 (40)	17 − 15 (41)	13 − 4 (42)

SUBTRACTION DIGITS UP TO 20

NAME:	DATE:	TIME:	SCORE: /42

12 − 0 (1)	19 − 9 (2)	18 −17 (3)	4 − 3 (4)	14 − 3 (5)	12 − 7 (6)
4 − 2 (7)	12 − 4 (8)	18 − 6 (9)	18 − 9 (10)	11 − 2 (11)	16 − 8 (12)
17 − 3 (13)	15 − 1 (14)	20 − 6 (15)	20 − 5 (16)	11 − 5 (17)	8 − 8 (18)
15 −14 (19)	10 − 7 (20)	20 − 1 (21)	17 − 7 (22)	18 − 7 (23)	16 − 9 (24)
14 −14 (25)	15 −13 (26)	5 − 3 (27)	11 − 6 (28)	16 −13 (29)	11 − 1 (30)
14 − 8 (31)	15 − 8 (32)	17 − 9 (33)	20 −17 (34)	6 − 6 (35)	17 − 2 (36)
11 −10 (37)	6 − 1 (38)	19 − 7 (39)	18 −16 (40)	20 − 9 (41)	14 −12 (42)

77 SUBTRACTION DIGITS UP TO 20

NAME: DATE: TIME: SCORE: /42

12 − 0 (1)	12 −10 (2)	16 − 8 (3)	17 −14 (4)	5 − 1 (5)	14 −10 (6)
4 − 0 (7)	6 − 3 (8)	10 − 0 (9)	17 − 4 (10)	7 − 2 (11)	7 − 4 (12)
12 − 3 (13)	16 −14 (14)	12 − 6 (15)	19 −18 (16)	11 − 9 (17)	15 − 3 (18)
15 − 2 (19)	19 − 0 (20)	13 − 7 (21)	18 −17 (22)	9 − 5 (23)	16 − 5 (24)
18 −15 (25)	9 − 2 (26)	11 − 3 (27)	14 − 6 (28)	20 −18 (29)	20 − 7 (30)
20 −15 (31)	10 − 6 (32)	20 −13 (33)	19 − 5 (34)	4 − 3 (35)	11 − 5 (36)
18 −18 (37)	18 −13 (38)	16 − 6 (39)	9 − 8 (40)	19 − 1 (41)	9 − 3 (42)

SUBTRACTION DIGITS UP TO 20

NAME: DATE: TIME: SCORE: /42

19 −17 1	17 −14 2	8 − 3 3	5 − 1 4	20 −12 5	7 − 5 6
20 −11 7	15 − 8 8	15 −12 9	16 −16 10	15 − 3 11	11 − 2 12
14 −12 13	13 − 6 14	4 − 0 15	20 − 3 16	18 −16 17	8 − 5 18
18 − 7 19	9 − 5 20	18 − 2 21	9 − 6 22	10 −10 23	9 − 1 24
11 −10 25	15 − 7 26	13 − 1 27	16 −13 28	19 −18 29	5 − 2 30
15 − 4 31	7 − 6 32	18 − 3 33	14 − 7 34	19 −11 35	10 − 3 36
6 − 5 37	14 − 5 38	17 − 8 39	2 − 0 40	20 − 6 41	15 −14 42

79 SUBTRACTION DIGITS UP TO 20

NAME: DATE: TIME: SCORE: /42

20 − 5 (1)	15 − 9 (2)	13 − 9 (3)	18 −10 (4)	20 − 8 (5)	16 −15 (6)
14 − 6 (7)	17 − 4 (8)	20 −12 (9)	11 − 7 (10)	14 − 2 (11)	11 − 3 (12)
12 − 4 (13)	18 −18 (14)	19 − 9 (15)	3 − 2 (16)	13 − 7 (17)	5 − 1 (18)
16 −14 (19)	19 −10 (20)	20 − 6 (21)	11 − 0 (22)	19 −17 (23)	8 − 1 (24)
2 − 1 (25)	12 − 3 (26)	18 − 9 (27)	8 − 4 (28)	15 − 0 (29)	14 − 1 (30)
14 − 5 (31)	12 −10 (32)	18 −16 (33)	20 − 0 (34)	15 − 5 (35)	19 − 8 (36)
20 − 2 (37)	15 − 1 (38)	20 −13 (39)	7 − 3 (40)	17 − 1 (41)	6 − 3 (42)

SUBTRACTION DIGITS UP TO 20

NAME: DATE: TIME: SCORE: /42

12 − 2 (1)	16 − 8 (2)	11 − 5 (3)	17 −15 (4)	11 − 9 (5)	12 − 3 (6)
16 − 6 (7)	18 −15 (8)	6 − 0 (9)	13 − 4 (10)	19 − 4 (11)	20 − 7 (12)
8 − 4 (13)	15 −15 (14)	19 −11 (15)	16 −14 (16)	17 − 9 (17)	6 − 3 (18)
20 −12 (19)	11 − 8 (20)	19 − 9 (21)	17 − 4 (22)	19 − 2 (23)	19 − 3 (24)
14 −13 (25)	18 − 3 (26)	10 − 1 (27)	7 − 4 (28)	1 − 0 (29)	10 − 0 (30)
15 − 7 (31)	16 −13 (32)	11 −11 (33)	17 − 3 (34)	17 − 2 (35)	20 − 4 (36)
10 − 8 (37)	19 −13 (38)	20 − 6 (39)	15 − 5 (40)	6 − 6 (41)	8 − 1 (42)

81

SUBTRACTION DIGITS UP TO 100

NAME: DATE: TIME: SCORE: /42

98 −79 (1)	44 −30 (2)	82 − 9 (3)	77 −43 (4)	27 −13 (5)	92 −63 (6)
82 −41 (7)	33 − 7 (8)	87 −68 (9)	56 −49 (10)	99 −78 (11)	75 −38 (12)
24 −12 (13)	96 −47 (14)	76 −64 (15)	87 −39 (16)	69 −39 (17)	86 −15 (18)
65 − 6 (19)	31 −28 (20)	44 −26 (21)	80 −41 (22)	72 − 4 (23)	18 −12 (24)
85 − 6 (25)	94 −10 (26)	93 −70 (27)	92 −17 (28)	56 − 9 (29)	65 −22 (30)
50 −37 (31)	58 −22 (32)	61 − 7 (33)	84 −19 (34)	79 −30 (35)	27 − 7 (36)
26 −11 (37)	91 −48 (38)	61 −28 (39)	90 −71 (40)	27 −16 (41)	55 −19 (42)

SUBTRACTION DIGITS UP TO 100

NAME: DATE: TIME: SCORE: /42

46 − 1 (1)	29 −17 (2)	76 −34 (3)	92 − 3 (4)	69 −19 (5)	39 − 2 (6)
68 −21 (7)	43 − 4 (8)	7 − 6 (9)	51 −35 (10)	70 −31 (11)	71 −54 (12)
79 −21 (13)	74 −15 (14)	52 −52 (15)	40 − 9 (16)	82 −26 (17)	35 −10 (18)
98 −94 (19)	65 −45 (20)	64 −41 (21)	63 −48 (22)	92 −44 (23)	90 −15 (24)
48 −28 (25)	83 −14 (26)	64 −60 (27)	96 −68 (28)	90 −42 (29)	84 − 2 (30)
63 −52 (31)	97 −42 (32)	94 −59 (33)	92 −47 (34)	75 −15 (35)	79 −70 (36)
91 −50 (37)	77 −58 (38)	39 −10 (39)	89 −82 (40)	44 − 4 (41)	75 −27 (42)

83 SUBTRACTION DIGITS UP TO 100

NAME: DATE: TIME: SCORE: /42

98 −75 1	62 −31 2	99 −76 3	81 −35 4	76 −49 5	95 −91 6
88 − 6 7	78 −28 8	91 −89 9	74 −13 10	70 −47 11	35 − 0 12
79 −40 13	84 −27 14	65 −28 15	48 −26 16	11 − 9 17	62 − 4 18
56 −46 19	38 −10 20	68 −33 21	89 −10 22	16 − 5 23	84 −77 24
66 −61 25	71 −54 26	96 −64 27	49 −21 28	66 − 4 29	93 −12 30
64 −16 31	30 −21 32	89 −20 33	41 − 0 34	78 −32 35	67 −15 36
49 − 9 37	73 −61 38	78 −72 39	88 −88 40	99 −50 41	71 −10 42

SUBTRACTION DIGITS UP TO 100

NAME: DATE: TIME: SCORE: /42

24 –14 1	15 – 7 2	32 –13 3	51 –22 4	54 –41 5	16 – 8 6
72 –26 7	43 –30 8	84 –67 9	60 –26 10	45 –11 11	90 –16 12
94 –53 13	62 –31 14	33 – 6 15	96 –17 16	95 –22 17	30 –29 18
87 –56 19	93 – 2 20	14 – 1 21	87 –70 22	39 –28 23	55 –49 24
84 –59 25	21 –15 26	58 –43 27	83 –12 28	86 –20 29	42 –27 30
55 – 3 31	93 –14 32	98 –28 33	94 –39 34	64 –17 35	29 – 3 36
24 –21 37	46 – 1 38	89 – 8 39	81 –74 40	84 –35 41	75 –49 42

85 SUBTRACTION DIGITS UP TO 100

NAME: DATE: TIME: SCORE: /42

80 −33 (1)	80 −53 (2)	72 −42 (3)	36 −24 (4)	95 −82 (5)	95 −14 (6)
72 −41 (7)	50 −42 (8)	65 −52 (9)	59 −44 (10)	68 −51 (11)	46 −14 (12)
97 − 9 (13)	76 −44 (14)	91 −20 (15)	71 −36 (16)	9 − 7 (17)	64 −48 (18)
38 −26 (19)	87 −17 (20)	57 − 2 (21)	56 −10 (22)	97 −46 (23)	91 −37 (24)
68 −59 (25)	98 − 4 (26)	98 −86 (27)	77 −40 (28)	79 −24 (29)	87 −66 (30)
33 −13 (31)	66 − 8 (32)	57 −35 (33)	74 −50 (34)	53 − 7 (35)	95 −23 (36)
46 −17 (37)	81 −32 (38)	73 −58 (39)	41 −21 (40)	33 −14 (41)	51 −12 (42)

SUBTRACTION DIGITS UP TO 100

NAME: DATE: TIME: SCORE: /42

31 – 4 1	34 – 3 2	63 –18 3	73 –37 4	65 –30 5	56 –27 6
94 –51 7	9 – 3 8	50 –45 9	75 – 4 10	43 –23 11	84 –55 12
87 –13 13	88 – 9 14	85 –35 15	87 –33 16	56 –37 17	84 –83 18
81 –51 19	85 –51 20	97 –67 21	12 – 5 22	25 –11 23	71 –63 24
99 –75 25	90 –77 26	7 – 0 27	35 –29 28	62 – 6 29	44 –17 30
35 – 7 31	82 –79 32	88 –13 33	65 –40 34	22 – 2 35	33 – 4 36
88 –34 37	38 –11 38	70 – 1 39	67 –30 40	84 –76 41	73 –59 42

SUBTRACTION DIGITS UP TO 100

NAME: DATE: TIME: SCORE: /42

93 −42 (1)	45 −29 (2)	73 −50 (3)	57 − 7 (4)	96 −49 (5)	68 −23 (6)
89 −84 (7)	17 − 5 (8)	37 − 4 (9)	87 −28 (10)	98 −94 (11)	90 −38 (12)
76 −70 (13)	71 − 7 (14)	82 −18 (15)	90 −53 (16)	64 −62 (17)	69 −22 (18)
71 −11 (19)	86 − 6 (20)	32 −20 (21)	34 − 1 (22)	16 − 9 (23)	35 − 5 (24)
26 −17 (25)	55 −11 (26)	83 −42 (27)	97 −24 (28)	97 −91 (29)	75 −13 (30)
88 − 2 (31)	80 −30 (32)	62 −55 (33)	81 −66 (34)	33 −19 (35)	28 −12 (36)
59 −15 (37)	99 −58 (38)	58 −15 (39)	79 −46 (40)	69 − 8 (41)	48 −31 (42)

SUBTRACTION DIGITS UP TO 100

88

NAME: DATE: TIME: SCORE: /42

69 −55 1	61 −16 2	86 −70 3	33 −15 4	25 −25 5	83 −34 6
6 − 5 7	65 −39 8	76 −27 9	66 −40 10	68 −68 11	73 −47 12
24 − 1 13	75 −31 14	82 −24 15	93 −42 16	90 −88 17	59 −18 18
83 −15 19	99 −91 20	53 −26 21	39 − 3 22	91 −50 23	30 −29 24
35 −28 25	84 −72 26	82 − 5 27	74 − 8 28	48 − 4 29	52 −22 30
57 −33 31	78 −27 32	45 −25 33	35 − 8 34	81 −45 35	66 −62 36
73 −15 37	29 −26 38	39 − 8 39	40 −37 40	39 −31 41	12 − 9 42

89

SUBTRACTION DIGITS UP TO 100

NAME: DATE: TIME: SCORE: /42

73 −42 (1)	79 −65 (2)	84 −60 (3)	61 − 0 (4)	80 −27 (5)	97 −77 (6)
92 −68 (7)	88 −63 (8)	32 −12 (9)	31 −25 (10)	83 −47 (11)	94 −50 (12)
96 −39 (13)	96 −79 (14)	16 − 2 (15)	32 −29 (16)	68 −42 (17)	36 −29 (18)
76 −75 (19)	82 −73 (20)	53 −51 (21)	62 −58 (22)	93 −15 (23)	87 −37 (24)
40 −13 (25)	16 −14 (26)	90 −57 (27)	75 −31 (28)	64 −35 (29)	91 −57 (30)
38 −18 (31)	82 −43 (32)	82 − 7 (33)	96 −12 (34)	76 −20 (35)	30 −27 (36)
57 − 2 (37)	59 −34 (38)	69 − 6 (39)	93 −25 (40)	47 − 7 (41)	77 −56 (42)

SUBTRACTION DIGITS UP TO 100

NAME: DATE: TIME: SCORE: /42

47 –43 1	67 –23 2	83 –83 3	78 –78 4	87 –18 5	78 –35 6
69 –44 7	75 –60 8	98 –58 9	64 –19 10	77 –68 11	68 –66 12
97 –52 13	57 –34 14	91 –26 15	61 –33 16	53 –15 17	56 –40 18
77 – 7 19	31 –22 20	96 –25 21	54 –43 22	84 –61 23	85 –14 24
91 –53 25	99 –90 26	18 – 3 27	71 –41 28	51 –42 29	93 –60 30
69 –68 31	60 –55 32	74 –73 33	98 –47 34	67 –58 35	77 –34 36
55 –50 37	99 –76 38	72 –50 39	87 –30 40	84 –78 41	96 –13 42

91 SUBTRACTION DIGITS UP TO 100

NAME: DATE: TIME: SCORE: /42

89 −23 1	92 −15 2	83 −12 3	27 −16 4	90 −71 5	50 −37 6
57 −47 7	97 −29 8	99 −98 9	55 −19 10	61 −28 11	58 −22 12
69 −65 13	76 −20 14	95 −51 15	89 −15 16	91 −48 17	61 − 7 18
35 − 5 19	98 −12 20	54 −11 21	85 −31 22	26 −11 23	84 −19 24
65 −62 25	88 −39 26	43 −25 27	66 −42 28	27 − 7 29	79 −30 30
92 −63 31	75 −38 32	86 −15 33	18 −12 34	65 −22 35	27 −13 36
99 −78 37	69 −39 38	72 − 4 39	56 − 9 40	77 −43 41	56 −49 42

SUBTRACTION DIGITS UP TO 100

92

NAME: DATE: TIME: SCORE: /42

95 −18 1	41 −40 2	93 −60 3	44 − 4 4	89 −82 5	63 −52 6
35 −24 7	83 −61 8	65 −29 9	75 −27 10	39 −10 11	97 −42 12
86 −53 13	44 −11 14	18 − 7 15	66 −34 16	58 −17 17	94 −59 18
96 −32 19	46 −12 20	38 −21 21	73 −64 22	91 −50 23	92 −47 24
98 −19 25	41 − 2 26	28 −13 27	65 −24 28	79 −70 29	75 −15 30
39 − 2 31	71 −54 32	35 −10 33	90 −15 34	84 − 2 35	90 −42 36
92 −44 37	82 −26 38	70 −31 39	69 −19 40	92 − 3 41	51 −35 42

SUBTRACTION DIGITS UP TO 100

NAME: DATE: TIME: SCORE: /42

93 −35 (1)	68 − 2 (2)	30 −29 (3)	99 −50 (4)	88 −88 (5)	64 −16 (6)
62 −11 (7)	70 −16 (8)	80 −37 (9)	71 −10 (10)	78 −72 (11)	30 −21 (12)
39 −10 (13)	39 −31 (14)	79 −27 (15)	48 −44 (16)	73 −61 (17)	89 −20 (18)
31 −30 (19)	55 − 1 (20)	91 −44 (21)	73 −13 (22)	49 − 9 (23)	41 − 0 (24)
97 −83 (25)	5 − 3 (26)	80 −43 (27)	54 −29 (28)	67 −15 (29)	78 −32 (30)
95 −91 (31)	35 − 0 (32)	62 − 4 (33)	84 −77 (34)	93 −12 (35)	76 −49 (36)
70 −47 (37)	11 − 9 (38)	16 − 5 (39)	66 − 4 (40)	81 −35 (41)	74 −13 (42)

SUBTRACTION DIGITS UP TO 100

NAME: DATE: TIME: SCORE: /42

1. 44 − 12	2. 47 − 0	3. 69 − 10	4. 84 − 35	5. 81 − 71	6. 55 − 3
7. 56 − 15	8. 74 − 26	9. 54 − 19	10. 75 − 49	11. 89 − 8	12. 93 − 14
13. 60 − 15	14. 46 − 23	15. 72 − 25	16. 87 − 21	17. 46 − 1	18. 98 − 28
19. 80 − 66	20. 52 − 35	21. 92 − 51	22. 25 − 16	23. 24 − 21	24. 94 − 39
25. 79 − 58	26. 83 − 77	27. 53 − 38	28. 43 − 32	29. 29 − 3	30. 64 − 17
31. 16 − 8	32. 90 − 16	33. 30 − 29	34. 55 − 49	35. 42 − 27	36. 54 − 41
37. 45 − 11	38. 95 − 22	39. 39 − 28	40. 86 − 20	41. 51 − 22	42. 60 − 26

95 SUBTRACTION DIGITS UP TO 100

NAME: DATE: TIME: SCORE: /42

80 −73 (1)	91 −56 (2)	21 −15 (3)	33 −14 (4)	95 −23 (5)	33 −13 (6)
38 −30 (7)	26 − 3 (8)	59 −53 (9)	51 −12 (10)	46 −17 (11)	66 − 8 (12)
77 −11 (13)	78 −69 (14)	82 −79 (15)	97 −77 (16)	81 −32 (17)	57 −35 (18)
62 −24 (19)	23 −16 (20)	45 −16 (21)	99 −97 (22)	73 −58 (23)	74 −50 (24)
52 −38 (25)	85 −51 (26)	37 −28 (27)	65 −64 (28)	41 −21 (29)	53 − 7 (30)
35 −14 (31)	46 −14 (32)	64 −48 (33)	91 −37 (34)	87 −66 (35)	79 −24 (36)
97 −46 (37)	9 − 7 (38)	68 −51 (39)	95 −82 (40)	36 −24 (41)	59 −44 (42)

SUBTRACTION DIGITS UP TO 100

NAME:	DATE:	TIME:	SCORE: /42

91 −35 1	95 −10 2	84 −63 3	84 −76 4	67 −30 5	35 − 7 6
61 −50 7	96 −47 8	45 −16 9	73 −59 10	70 − 1 11	82 −79 12
61 −20 13	94 −56 14	87 −81 15	93 −47 16	38 −11 17	88 −13 18
75 −29 19	32 −29 20	50 −41 21	90 −48 22	88 −34 23	65 −40 24
78 −54 25	49 − 8 26	97 −26 27	42 −39 28	33 − 4 29	22 − 2 30
56 −27 31	84 −55 32	84 −83 33	71 −63 34	44 −17 35	65 −30 36
43 −23 37	56 −37 38	25 −11 39	62 − 6 40	73 −37 41	75 − 4 42

SUBTRACTION DIGITS UP TO 100

NAME: DATE: TIME: SCORE: /42

71 −68 (1)	89 − 4 (2)	30 −19 (3)	69 − 8 (4)	79 −46 (5)	88 − 2 (6)
98 −57 (7)	94 −67 (8)	83 −27 (9)	48 −31 (10)	58 −15 (11)	80 −30 (12)
67 −47 (13)	82 −18 (14)	40 −13 (15)	87 −51 (16)	99 −58 (17)	62 −55 (18)
95 −29 (19)	39 − 6 (20)	61 −37 (21)	41 − 4 (22)	59 −15 (23)	81 −66 (24)
69 −64 (25)	47 −31 (26)	72 −63 (27)	96 −55 (28)	28 −12 (29)	33 −19 (30)
68 −23 (31)	90 −38 (32)	69 −22 (33)	35 − 5 (34)	75 −13 (35)	97 −91 (36)
16 − 9 (37)	64 −62 (38)	98 −94 (39)	96 −49 (40)	57 − 7 (41)	87 −28 (42)

SUBTRACTION DIGITS UP TO 100

98

NAME: DATE: TIME: SCORE: /42

85 −38 1	56 − 5 2	51 −29 3	39 −31 4	40 −37 5	57 −33 6
82 −77 7	74 −23 8	65 −15 9	12 − 9 10	39 − 8 11	78 −27 12
96 − 1 13	97 −82 14	56 −54 15	78 − 2 16	29 −26 17	45 −25 18
63 −10 19	52 − 4 20	79 −36 21	89 −59 22	73 −15 23	35 − 8 24
73 −46 25	92 −64 26	71 −21 27	58 −34 28	66 −62 29	81 −45 30
83 −34 31	73 −47 32	59 −18 33	30 −29 34	52 −22 35	48 − 4 36
91 −50 37	90 −88 38	68 −68 39	33 −15 40	66 −40 41	93 −42 42

99 SUBTRACTION DIGITS UP TO 100

NAME: DATE: TIME: SCORE: /42

51 −12 (1)	58 −40 (2)	60 −23 (3)	47 − 7 (4)	93 −25 (5)	38 −18 (6)
98 −25 (7)	99 −56 (8)	86 −48 (9)	77 −56 (10)	69 − 6 (11)	82 −43 (12)
89 −49 (13)	15 − 5 (14)	68 − 1 (15)	68 −16 (16)	59 −34 (17)	82 − 7 (18)
79 − 9 (19)	54 −16 (20)	39 −15 (21)	90 −18 (22)	57 − 2 (23)	96 −12 (24)
42 − 4 (25)	35 − 2 (26)	13 − 6 (27)	91 −79 (28)	30 −27 (29)	76 −20 (30)
97 −77 (31)	94 −50 (32)	36 −29 (33)	87 −37 (34)	91 −57 (35)	64 −35 (36)
93 −15 (37)	68 −42 (38)	83 −47 (39)	80 −27 (40)	31 −25 (41)	32 −29 (42)

SUBTRACTION DIGITS UP TO 100

100

NAME: DATE: TIME: SCORE: /42

53 −46 1	99 −36 2	87 −41 3	84 −78 4	87 −30 5	69 −68 6
77 −29 7	23 −15 8	66 −66 9	96 −13 10	72 −50 11	60 −55 12
84 −18 13	94 −57 14	91 −62 15	90 −83 16	99 −76 17	74 −73 18
92 −39 19	80 −79 20	37 −28 21	92 −30 22	55 −50 23	98 −47 24
68 − 3 25	80 −70 26	86 − 8 27	28 −12 28	77 −34 29	67 −58 30
79 −35 31	68 −66 32	56 −40 33	85 −14 34	93 −60 35	51 −42 36
84 −61 37	53 −15 38	77 −68 39	87 −18 40	64 −19 41	61 −33 42

ANSWERS

	1	2	3	4	5	6	7
1.	15	9	14	6	6	12	6
2.	3	12	9	6	8	9	8
3.	9	11	2	11	12	8	10
4.	4	6	5	4	15	7	7
5.	9	10	10	10	14	2	6
6.	6	5	9	7	8	11	12
7.	13	13	15	6	12	14	13
8.	10	5	12	9	11	9	13
9.	12	12	6	8	10	10	13
10.	5	12	4	6	11	6	8
11.	5	14	11	12	7	8	17
12.	3	9	3	5	5	6	10
13.	5	11	14	15	16	8	11
14.	9	8	14	8	7	14	14
15.	12	14	0	18	12	7	12
16.	9	9	7	9	14	6	8
17.	10	10	8	14	15	10	4
18.	12	7	1	7	10	15	8
19.	14	10	11	12	3	5	11
20.	11	13	7	11	11	16	5
21.	2	1	9	3	13	4	5
22.	3	6	8	15	9	7	10
23.	11	5	8	5	4	12	5
24.	10	18	11	17	4	8	7
25.	15	13	5	4	6	10	6
26.	10	15	17	2	12	4	8
27.	10	13	2	15	10	7	11
28.	13	9	7	9	6	9	4
29.	10	7	4	12	4	11	9
30.	6	3	8	9	8	3	16
31.	4	8	9	11	8	13	11
32.	5	5	7	7	7	6	5
33.	8	7	10	6	14	5	10
34.	6	14	7	9	13	9	6
35.	14	13	6	13	5	12	11
36.	7	13	13	10	10	11	13
37.	9	7	10	11	5	10	1
38.	9	16	6	15	5	3	18
39.	8	4	5	5	7	16	10
40.	6	10	6	10	15	9	12
41.	10	8	14	16	13	13	5
42.	8	10	15	12	13	3	10

ANSWERS

	8	9	10	11	12	13	14
1.	6	3	16	25	12	12	0
2.	14	12	7	13	23	21	5
3.	8	9	10	2	9	15	14
4.	6	2	10	6	10	10	19
5.	5	11	13	23	13	17	13
6.	12	13	9	12	18	19	24
7.	15	11	11	23	17	13	27
8.	15	10	6	5	17	18	7
9.	10	11	11	4	8	11	8
10.	8	14	10	23	24	6	21
11.	6	6	11	26	5	21	12
12.	3	12	13	15	12	27	13
13.	10	11	6	1	7	12	21
14.	9	1	15	15	21	13	6
15.	7	6	14	12	20	8	27
16.	9	8	3	27	15	10	7
17.	10	9	15	13	23	6	18
18.	5	11	12	13	27	11	16
19.	7	11	4	14	11	24	11
20.	16	14	7	20	22	5	9
21.	11	5	10	17	21	11	11
22.	7	13	14	5	19	19	18
23.	11	16	11	9	18	6	15
24.	6	5	11	10	15	26	11
25.	8	2	8	19	19	24	22
26.	10	8	9	20	6	4	11
27.	7	4	8	12	3	22	14
28.	9	1	2	27	19	11	10
29.	9	2	5	22	19	27	21
30.	9	6	5	11	13	3	11
31.	11	8	13	21	18	14	13
32.	3	9	13	13	17	22	9
33.	14	10	14	18	14	14	20
34.	7	9	8	20	7	16	23
35.	9	6	8	28	19	18	18
36.	11	10	9	19	22	20	9
37.	11	7	4	21	21	7	4
38.	8	14	7	16	14	12	12
39.	12	3	12	10	26	13	5
40.	8	15	7	12	14	7	8
41.	5	8	12	26	25	1	12
42.	12	8	7	15	12	23	10

ANSWERS

	15	16	17	18	19	20	21
1.	15	6	6	14	16	10	17
2.	22	7	3	9	23	25	23
3.	6	10	10	6	9	13	32
4.	4	10	22	21	7	22	24
5.	22	10	2	24	26	23	15
6.	5	16	10	16	10	13	13
7.	8	26	17	9	17	16	23
8.	19	17	28	16	22	11	20
9.	8	13	11	11	23	15	15
10.	22	20	11	10	4	28	25
11.	10	7	25	22	16	27	29
12.	15	14	9	8	11	10	8
13.	7	16	17	14	13	12	6
14.	10	29	15	22	9	19	12
15.	14	20	23	14	20	22	26
16.	12	27	14	16	23	20	32
17.	20	20	7	18	18	4	28
18.	29	13	19	20	9	17	23
19.	10	12	18	21	4	13	6
20.	26	3	22	18	12	21	24
21.	6	28	14	5	5	21	4
22.	16	13	23	9	8	8	14
23.	3	18	12	12	12	5	23
24.	9	18	20	4	8	9	31
25.	27	19	12	7	16	5	24
26.	7	10	19	12	14	8	10
27.	21	7	14	13	10	15	20
28.	21	21	26	7	17	15	20
29.	0	9	14	1	14	14	17
30.	22	7	25	23	20	18	8
31.	13	23	17	13	21	15	34
32.	21	5	13	18	6	22	6
33.	17	4	8	11	27	6	19
34.	8	23	24	6	7	4	10
35.	5	21	5	21	18	22	7
36.	9	15	12	27	18	5	32
37.	10	19	19	24	11	8	22
38.	25	20	12	4	9	19	32
39.	13	12	3	19	13	8	25
40.	22	22	19	11	18	22	21
41.	23	22	23	27	13	10	9
42.	13	11	13	3	11	15	26

ANSWERS

	22	23	24	25	26	27	28
1.	20	13	7	11	28	37	11
2.	14	19	10	34	21	21	28
3.	22	24	29	20	12	29	18
4.	23	27	28	29	28	23	28
5.	15	11	9	17	23	36	26
6.	15	22	13	13	12	26	15
7.	17	34	18	8	34	18	36
8.	20	20	25	12	28	26	22
9.	27	6	7	3	22	36	22
10.	10	18	19	20	6	16	23
11.	29	17	22	17	10	20	18
12.	22	5	27	29	32	20	3
13.	19	23	21	23	16	19	17
14.	18	24	14	17	25	11	25
15.	24	20	23	11	10	24	21
16.	20	27	16	24	21	12	14
17.	21	35	16	24	31	15	6
18.	34	18	22	29	18	17	35
19.	20	12	38	22	6	12	31
20.	23	18	26	3	20	4	21
21.	22	11	11	19	33	28	18
22.	29	35	16	29	15	11	20
23.	19	29	28	15	20	30	15
24.	12	8	8	33	15	14	27
25.	32	7	6	19	14	24	18
26.	13	29	21	2	23	23	13
27.	21	17	19	13	25	20	19
28.	25	26	0	17	28	17	15
29.	18	20	22	24	13	10	15
30.	29	26	36	19	21	28	9
31.	12	21	15	17	16	11	24
32.	23	32	15	13	22	26	32
33.	26	32	15	25	11	31	11
34.	7	36	3	23	18	36	26
35.	26	4	28	33	31	9	12
36.	30	8	29	7	25	21	31
37.	16	29	15	7	16	11	16
38.	9	31	10	15	9	14	16
39.	21	15	21	13	12	31	23
40.	33	25	24	14	25	17	15
41.	7	29	30	18	28	28	25
42.	22	25	24	8	27	23	37

ANSWERS

	29	30	31	32	33	34	35
1.	9	21	7	10	21	26	14
2.	1	9	32	32	12	15	28
3.	31	39	6	6	21	23	29
4.	33	33	18	30	8	29	7
5.	21	29	6	26	4	28	33
6.	29	11	13	15	22	13	13
7.	10	5	10	21	31	34	10
8.	25	25	22	23	15	24	13
9.	12	28	23	17	7	19	24
10.	30	14	7	16	29	15	7
11.	26	30	34	7	37	3	23
12.	16	22	8	22	5	27	29
13.	18	34	19	21	28	22	21
14.	15	25	32	22	24	5	9
15.	16	14	30	0	27	12	13
16.	27	15	27	9	31	10	15
17.	13	17	13	26	34	15	25
18.	12	7	23	34	18	22	29
19.	29	11	6	31	24	9	25
20.	9	8	25	7	16	13	18
21.	23	33	26	22	25	24	8
22.	35	24	32	21	19	21	13
23.	27	34	10	23	32	15	13
24.	19	13	31	12	11	8	33
25.	24	27	34	21	25	18	21
26.	30	17	21	17	23	23	7
27.	22	15	9	7	29	30	18
28.	12	32	35	33	25	32	14
29.	15	22	23	12	21	15	17
30.	16	12	8	29	26	36	19
31.	27	11	15	15	11	9	17
32.	35	15	29	29	17	22	17
33.	17	6	28	18	35	16	24
34.	21	34	23	19	29	28	15
35.	19	18	17	18	20	22	24
36.	26	29	20	23	26	0	17
37.	18	26	14	10	35	16	29
38.	10	13	32	20	27	16	24
39.	19	17	25	29	18	21	20
40.	28	25	24	25	27	28	29
41.	6	11	26	22	24	29	20
42.	23	26	15	27	6	7	3

ANSWERS

	36	37	38	39	40	41	42
1.	9	22	35	20	9	177	151
2.	9	8	11	29	36	114	95
3.	25	23	18	20	9	47	48
4.	31	21	31	26	29	145	83
5.	16	9	12	19	18	126	162
6.	12	26	15	29	11	26	4
7.	16	16	26	32	17	88	120
8.	1	37	21	17	30	122	103
9.	16	12	32	22	26	98	179
10.	18	11	16	18	26	44	143
11.	28	36	26	21	34	102	134
12.	32	20	3	16	22	106	100
13.	39	11	16	34	21	136	126
14.	29	33	13	20	22	49	126
15.	9	19	21	19	25	121	107
16.	11	12	16	10	13	79	35
17.	14	31	11	17	6	135	70
18.	18	17	35	12	7	70	65
19.	14	3	13	31	27	97	67
20.	27	20	8	2	27	73	94
21.	12	23	37	23	26	94	151
22.	22	31	23	19	17	103	165
23.	15	26	32	35	15	54	156
24.	15	14	27	19	13	128	85
25.	24	24	14	19	16	66	116
26.	28	19	18	18	9	141	111
27.	25	28	22	6	11	151	11
28.	16	17	15	28	25	152	73
29.	21	11	24	27	11	117	118
30.	21	28	9	16	12	129	107
31.	23	36	26	21	29	126	68
32.	10	23	16	26	35	149	84
33.	31	15	6	13	17	167	78
34.	20	30	11	27	34	64	138
35.	13	10	15	16	22	168	77
36.	28	17	15	12	32	172	103
37.	15	11	20	35	24	56	133
38.	21	24	14	27	15	84	144
39.	6	16	23	30	14	93	54
40.	28	23	28	33	33	129	76
41.	12	29	19	31	39	79	149
42.	22	36	18	12	28	144	140

ANSWERS

#	43	44	45	46	47	48	49
1.	69	194	41	157	135	47	121
2.	170	81	78	159	75	53	82
3.	158	78	111	167	38	50	75
4.	101	29	115	79	149	134	113
5.	92	55	84	129	76	48	124
6.	107	145	63	126	68	118	111
7.	103	105	37	52	98	133	144
8.	107	130	150	128	89	133	139
9.	26	104	107	179	97	69	122
10.	88	31	122	144	140	70	54
11.	94	43	50	93	54	85	128
12.	29	65	102	150	85	130	106
13.	167	88	122	88	85	147	125
14.	117	107	149	36	156	84	103
15.	86	111	17	171	117	109	43
16.	43	91	127	48	89	52	36
17.	64	108	59	81	144	103	53
18.	95	44	26	167	78	135	177
19.	51	103	47	99	141	135	110
20.	101	73	143	78	84	64	187
21.	180	139	123	50	106	123	71
22.	136	93	65	97	121	79	139
23.	131	91	55	56	133	20	95
24.	85	110	96	64	138	159	99
25.	105	115	107	70	95	137	152
26.	150	103	86	167	57	35	130
27.	100	91	132	174	104	60	52
28.	90	123	155	163	124	123	129
29.	85	155	129	172	103	118	54
30.	179	126	91	168	77	151	86
31.	118	111	82	26	4	107	145
32.	130	106	96	106	100	29	65
33.	135	177	136	70	65	95	44
34.	159	99	64	128	86	85	110
35.	151	86	79	129	107	179	126
36.	118	54	104	117	118	85	155
37.	20	95	40	54	156	131	91
38.	103	53	85	135	70	64	108
39.	85	128	131	102	134	94	43
40.	48	124	98	126	162	35	55
41.	134	113	124	145	83	101	29
42.	70	54	54	44	143	88	31

ANSWERS

	50	51	52	53	54	55	56
1.	115	0	6	1	0	5	7
2.	146	3	3	0	5	1	8
3.	132	1	8	0	0	4	5
4.	124	8	0	2	1	3	0
5.	98	1	7	0	7	6	1
6.	82	2	1	7	2	1	2
7.	185	1	1	4	5	0	0
8.	80	7	3	5	2	3	1
9.	14	2	3	2	7	3	3
10.	54	1	0	0	5	6	1
11.	131	6	2	1	4	1	0
12.	96	6	1	6	8	3	2
13.	55	2	6	2	0	5	1
14.	145	4	5	8	4	1	4
15.	179	5	4	1	2	5	0
16.	79	3	1	6	1	5	0
17.	85	0	5	5	3	0	4
18.	136	3	0	6	3	2	5
19.	79	3	3	1	1	7	3
20.	149	6	1	2	1	4	4
21.	148	4	4	3	9	3	6
22.	90	3	9	0	1	1	4
23.	40	2	0	2	0	4	0
24.	64	2	1	1	5	6	1
25.	42	4	2	7	5	4	3
26.	145	5	5	5	2	7	3
27.	44	1	2	0	6	3	2
28.	110	3	1	4	3	2	1
29.	104	3	2	3	2	8	7
30.	79	9	4	3	3	6	4
31.	63	1	2	4	0	1	2
32.	102	2	6	2	1	3	6
33.	26	4	0	1	3	2	3
34.	96	7	5	6	2	4	2
35.	91	5	5	3	4	1	4
36.	54	6	1	2	2	1	3
37.	50	0	7	4	2	8	2
38.	59	4	3	5	3	5	5
39.	55	0	0	0	8	7	6
40.	129	0	2	3	7	2	1
41.	115	1	1	1	4	0	8
42.	122	1	2	1	6	2	1

ANSWERS

#	57	58	59	60	61	62	63
1.	6	2	3	4	8	8	3
2.	3	4	1	4	0	14	11
3.	3	0	1	3	8	10	7
4.	5	1	4	7	2	12	13
5.	6	7	7	2	3	7	11
6.	0	3	0	0	12	4	9
7.	3	3	3	8	2	17	2
8.	2	1	5	2	1	6	9
9.	3	1	0	2	3	3	1
10.	4	1	5	1	7	13	2
11.	7	4	8	9	7	13	4
12.	4	2	4	3	12	2	8
13.	1	4	2	3	8	16	1
14.	2	3	3	1	4	16	5
15.	8	5	1	8	3	13	2
16.	9	1	1	7	4	3	7
17.	2	2	2	1	1	1	9
18.	0	1	6	3	4	5	3
19.	5	5	1	3	14	10	4
20.	1	2	1	5	3	9	16
21.	6	8	1	2	8	7	6
22.	3	0	4	1	15	4	0
23.	0	7	2	7	3	2	3
24.	0	6	2	4	8	10	0
25.	3	6	3	2	16	5	12
26.	5	5	7	1	12	9	1
27.	1	3	9	0	2	3	15
28.	1	4	6	5	13	2	2
29.	1	0	2	1	3	7	8
30.	5	8	4	1	1	4	2
31.	1	9	3	1	6	11	11
32.	1	6	8	5	8	5	15
33.	0	6	3	2	15	5	6
34.	1	7	5	6	0	6	3
35.	4	3	3	6	4	12	14
36.	2	3	2	6	8	4	2
37.	0	2	0	1	1	0	17
38.	4	5	6	0	11	6	1
39.	2	2	4	4	1	8	5
40.	7	0	7	2	9	9	9
41.	0	2	0	3	11	1	1
42.	0	0	5	6	15	1	19

ANSWERS

	64	65	66	67	68	69	70
1.	18	5	6	2	15	3	10
2.	9	8	2	7	3	3	18
3.	15	15	15	10	12	14	9
4.	14	2	14	3	1	9	1
5.	5	11	9	9	9	2	13
6.	15	3	6	2	11	15	2
7.	1	10	7	12	15	1	19
8.	10	12	12	6	7	5	1
9.	13	0	6	3	2	1	1
10.	9	13	15	1	19	8	6
11.	3	4	3	6	5	6	7
12.	1	8	8	5	15	8	3
13.	9	11	16	0	7	3	16
14.	3	9	8	8	1	1	0
15.	2	8	11	9	10	19	12
16.	3	7	2	17	7	8	4
17.	1	5	11	6	1	4	1
18.	4	9	11	5	6	2	4
19.	11	10	5	4	1	3	1
20.	4	13	7	12	1	1	12
21.	8	5	7	17	15	9	9
22.	7	0	1	0	5	11	4
23.	7	2	2	0	17	4	2
24.	1	7	0	6	3	6	1
25.	7	13	11	7	5	4	5
26.	2	0	10	14	1	9	8
27.	8	2	6	12	5	5	12
28.	2	14	10	1	4	7	1
29.	15	3	8	4	2	10	4
30.	7	14	4	12	14	5	9
31.	19	2	12	4	9	15	3
32.	8	3	12	2	8	1	8
33.	2	4	2	5	4	4	9
34.	6	1	8	10	0	1	7
35.	10	9	1	4	2	7	14
36.	6	4	1	7	8	15	3
37.	4	3	1	2	3	7	2
38.	4	4	2	1	9	1	5
39.	6	7	7	13	4	3	3
40.	2	14	15	7	11	5	11
41.	9	1	13	1	13	19	2
42.	8	6	8	8	7	8	14

ANSWERS

	71	72	73	74	75	76	77
1.	6	8	6	17	14	12	12
2.	14	12	9	8	8	10	2
3.	13	2	1	11	3	1	8
4.	11	18	15	16	0	1	3
5.	2	3	2	4	10	11	4
6.	6	8	12	12	8	5	4
7.	0	12	16	3	2	2	4
8.	0	4	5	1	8	8	3
9.	0	16	2	7	9	12	10
10.	2	6	1	3	7	9	13
11.	12	10	9	7	14	9	5
12.	7	4	2	2	3	8	3
13.	4	4	6	10	11	14	9
14.	5	1	4	7	13	14	2
15.	3	6	3	7	9	14	6
16.	7	10	10	6	11	15	1
17.	5	5	9	10	6	6	2
18.	8	7	15	2	0	0	12
19.	7	1	15	3	5	1	13
20.	5	1	1	5	6	3	19
21.	1	1	5	5	7	19	6
22.	11	4	9	2	4	10	1
23.	1	0	1	18	2	11	4
24.	3	14	7	20	14	7	11
25.	3	0	14	0	1	0	3
26.	2	9	11	0	2	2	7
27.	1	2	2	2	0	2	8
28.	2	2	6	4	10	5	8
29.	15	6	7	11	17	3	2
30.	0	1	8	14	15	10	13
31.	5	4	1	1	9	6	5
32.	8	3	9	8	13	7	4
33.	0	12	3	4	1	8	7
34.	7	11	8	7	16	3	14
35.	10	13	3	13	10	0	1
36.	3	2	1	15	1	15	6
37.	11	4	0	2	17	1	0
38.	6	2	2	6	8	5	5
39.	9	5	11	9	16	12	10
40.	11	4	9	12	2	2	1
41.	1	3	4	8	2	11	18
42.	9	1	1	4	9	2	6

ANSWERS

	78	79	80	81	82	83	84
1.	2	15	10	19	45	23	10
2.	3	6	8	14	12	31	8
3.	5	4	6	73	42	23	19
4.	4	8	2	34	89	46	29
5.	8	12	2	14	50	27	13
6.	2	1	9	29	37	4	8
7.	9	8	10	41	47	82	46
8.	7	13	3	26	39	50	13
9.	3	8	6	19	1	2	17
10.	0	4	9	7	16	61	34
11.	12	12	15	21	39	23	34
12.	9	8	13	37	17	35	74
13.	2	8	4	12	58	39	41
14.	7	0	0	49	59	57	31
15.	4	10	8	12	0	37	27
16.	17	1	2	48	31	22	79
17.	2	6	8	30	56	2	73
18.	3	4	3	71	25	58	1
19.	11	2	8	59	4	10	31
20.	4	9	3	3	20	28	91
21.	16	14	10	18	23	35	13
22.	3	11	13	39	15	79	17
23.	0	2	17	68	48	11	11
24.	8	7	16	6	75	7	6
25.	1	1	1	79	20	5	25
26.	8	9	15	84	69	17	6
27.	12	9	9	23	4	32	15
28.	3	4	3	75	28	28	71
29.	1	15	1	47	48	62	66
30.	3	13	10	43	82	81	15
31.	11	9	8	13	11	48	52
32.	1	2	3	36	55	9	79
33.	15	2	0	54	35	69	70
34.	7	20	14	65	45	41	55
35.	8	10	15	49	60	46	47
36.	7	11	16	20	9	52	26
37.	1	18	2	15	41	40	3
38.	9	14	6	43	19	12	45
39.	9	7	14	33	29	6	81
40.	2	4	10	19	7	0	7
41.	14	16	0	11	40	49	49
42.	1	3	7	36	48	61	26

ANSWERS

	85	86	87	88	89	90	91
1.	47	27	51	14	31	4	66
2.	27	31	16	45	14	44	77
3.	30	45	23	16	24	0	71
4.	12	36	50	18	61	0	11
5.	13	35	47	0	53	69	19
6.	81	29	45	49	20	43	13
7.	31	43	5	1	24	25	10
8.	8	6	12	26	25	15	68
9.	13	5	33	49	20	40	1
10.	15	71	59	26	6	45	36
11.	17	20	4	0	36	9	33
12.	32	29	52	26	44	2	36
13.	88	74	6	23	57	45	4
14.	32	79	64	44	17	23	56
15.	71	50	64	58	14	65	44
16.	35	54	37	51	3	28	74
17.	2	19	2	2	26	38	43
18.	16	1	47	41	7	16	54
19.	12	30	60	68	1	70	30
20.	70	34	80	8	9	9	86
21.	55	30	12	27	2	71	43
22.	46	7	33	36	4	11	54
23.	51	14	7	41	78	23	15
24.	54	8	30	1	50	71	65
25.	9	24	9	7	27	38	3
26.	94	13	44	12	2	9	49
27.	12	7	41	77	33	15	18
28.	37	6	73	66	44	30	24
29.	55	56	6	44	29	9	20
30.	21	27	62	30	34	33	49
31.	20	28	86	24	20	1	29
32.	58	3	50	51	39	5	37
33.	22	75	7	20	75	1	71
34.	24	25	15	27	84	51	6
35.	46	20	14	36	56	9	43
36.	72	29	16	4	3	43	14
37.	29	54	44	58	55	5	21
38.	49	27	41	3	25	23	30
39.	15	69	43	31	63	22	68
40.	20	37	33	3	68	57	47
41.	19	8	61	8	40	6	34
42.	39	14	17	3	21	83	7

ANSWERS

#	92	93	94	95	96	97	98
1.	77	58	32	7	56	3	47
2.	1	66	47	35	85	85	51
3.	33	1	59	6	21	11	22
4.	40	49	49	19	8	61	8
5.	7	0	10	72	37	33	3
6.	11	48	52	20	28	86	24
7.	11	51	41	8	11	41	5
8.	22	54	48	23	49	27	51
9.	36	43	35	6	29	56	50
10.	48	61	26	39	14	17	3
11.	29	6	81	29	69	43	31
12.	55	9	79	58	3	50	51
13.	33	29	45	66	41	20	95
14.	33	8	23	9	38	64	15
15.	11	52	47	3	6	27	2
16.	32	4	66	20	46	36	76
17.	41	12	45	49	27	41	3
18.	35	69	70	22	75	7	20
19.	64	1	14	38	46	66	53
20.	34	54	17	7	3	33	48
21.	17	47	41	29	9	24	43
22.	9	60	9	2	42	37	30
23.	41	40	3	15	54	44	58
24.	45	41	55	24	25	15	27
25.	79	14	21	14	24	5	27
26.	39	2	6	34	41	16	28
27.	15	37	15	9	71	9	50
28.	41	25	11	1	3	41	24
29.	9	52	26	20	29	16	4
30.	60	46	47	46	20	14	36
31.	37	4	8	21	29	45	49
32.	17	35	74	32	29	52	26
33.	25	58	1	16	1	47	41
34.	75	7	6	54	8	30	1
35.	82	81	15	21	27	62	30
36.	48	27	13	55	35	6	44
37.	48	23	34	51	20	7	41
38.	56	2	73	2	19	2	2
39.	39	11	11	17	14	4	0
40.	50	62	66	13	56	47	18
41.	89	46	29	12	36	50	26
42.	16	61	34	15	71	59	51

ANSWERS

99

1. 39
2. 18
3. 37
4. 40
5. 68
6. 20
7. 73
8. 43
9. 38
10. 21
11. 63
12. 39
13. 40
14. 10
15. 67
16. 52
17. 25
18. 75
19. 70
20. 38
21. 24
22. 72
23. 55
24. 84
25. 38
26. 33
27. 7
28. 12
29. 3
30. 56
31. 20
32. 44
33. 7
34. 50
35. 34
36. 29
37. 78
38. 26
39. 36
40. 53
41. 6
42. 3

100

1. 7
2. 63
3. 46
4. 6
5. 57
6. 1
7. 48
8. 8
9. 0
10. 83
11. 22
12. 5
13. 66
14. 37
15. 29
16. 7
17. 23
18. 1
19. 53
20. 1
21. 9
22. 62
23. 5
24. 51
25. 65
26. 10
27. 78
28. 16
29. 43
30. 9
31. 44
32. 2
33. 16
34. 71
35. 33
36. 9
37. 23
38. 38
39. 9
40. 69
41. 45
42. 28

Manufactured by Amazon.ca
Bolton, ON

29358334R00066